LOCUS

LOCUS

LOCUS

LOCUS

2001年
第2次奇蹟

明日工作室
溫世仁—著
蔡志忠—畫
侯吉諒—執行

tomorrow 02

2001年第2次奇蹟

溫世仁／著　蔡志忠／繪圖　侯吉諒／執行
流程控制：何文榮
製作：明日工作室

發行人：廖立文
法律顧問：全理律師事務所董安丹律師
出版者：大塊文化出版股份有限公司
台北市117羅斯福路六段142巷20弄2-3號
讀者服務專線：080-006689
TEL：(02) 9357190　FAX：(02) 9356037
信箱：新店郵政16之28號信箱
郵撥帳號：18955675　　戶名：大塊文化出版股份有限公司
e-mail:locus@ms12.hinet.net

行政院新聞局局版北市業字第706號

總經銷：北城圖書有限公司
地址：台北縣三重市大智路139號
TEL：(02) 9818089 (代表號)
FAX：(02) 9883028 9813049

初版一刷：1998年7月
初版 5 刷：1999年 11 月
定價：新台幣150元
ISBN 957-8468-50-4
Printed in Taiwan

一個人，一生能遇上幾次千禧年？
一輩子，能碰上幾次金融風暴？
一輩子，又能碰上幾次經濟奇蹟？

現今仍生活在台灣的多數人，
在九〇年代經歷了東亞金融風暴，
接著，渡過西元2000年，
2001年，第2次台灣經濟奇蹟
又即將來臨……

明明德　日日新

明日工作室宣言

歷史的演變和進動，人，是最大的因素。任何創造或毀滅，成功或失敗，都源自於人和人的行爲。挑戰自己的極限，朝更美好的未來邁進是人類的天性。

試圖擺脱自己個人狹隘的自我、血統、地域的觀念囚牢，而令自己能自由地通行於時空之中不爲其所困囿，打造出更美好的明天和未來，相信這是所有人類共同的期望，而這也就是我們成立明日工作室的原因。明日工作室集合了很多優秀的人才，成立了專業寫書、著作的團體。期望能寫出一些對人類的未來和理想有益的書。

明日，有兩種意思。

一個就是明天TOMORROW，未來的理想、目標像似很遙遠……而明日，就比較眞實，人人都能比較清楚的掌握。我們要打造美好的明天，今天就應該開始做。

明日的另外一個意思是『明明德、日日新。』

明明德，就是知道過去、未來；知道倫理、文化和世間的規則；知道理想、目標。善用過去原本具有的知識、智慧等人類的共同資產，並遵循久遠以來的道德規範。

日日新，就是每天除去一些過去的錯誤觀念與缺點，每天學得新知識、技能，使自己慢慢朝向更完善的境界更接近一點點，向更美好的光明未來進化、躍昇。

就像三百多年前牛頓曾說：『我會有少許成就，是因爲我正踩在巨人的肩膀上。』過去人類所積累的知識和無數的智慧結晶，是人類的共同資產，也是牛頓所說的巨大的肩膀。明明德就是有效的運用巨人的肩膀，並遵奉過去所傳承下來的良好道德規範。日日新就是日復一日永續地朝向更美好的明日邁進，以上是我們成立明日工作室的理想，也是我們寫作出書的方針，歡迎有志一同的人加入明日工作室，來和我們一起共同「打造美好的明日」。

【序1】

分享知識與資訊

中華民國副總統
連　戰

面對即將跨入廿一世紀的關鍵時刻，我國在政治民主化、社會多元化、經濟自由化的基礎上，政府與民眾正共同努力，攜手構建璀燦光明的發展遠景。吾人堅信創新、活力加上篤實履踐、實事求是，我們可以展現生生不息的生命力，克服各項挑戰，邁向已開發國家之林。

回顧過去的歲月，全民胼手胝足，披荊斬棘，締造了全世界矚目的經濟成就；展望未來，擘劃正確的發展策略，更有賴各界集思廣益，同心協力。在這過程中，資訊與知識的分享是極其重要的，本人在師大附中、台大學弟英業達公司溫副董事長世仁以其敏銳的觀察，深刻的分析，前瞻的眼光，流暢的文筆，加上紮實的專業能力與豐富的實務經驗，撰著《二〇〇一年第二次奇蹟》乙書，內容精闢，見解獨到，其中許多觀點，勾勒今後努力的方向，殊值深思。

本人於今年三月上、中旬分別參觀英業達集團位於馬來西亞檳城以及台北林口的工廠，對於該公司的經營管理留下深刻的印象，適值本書初成，因樂爲之序，先祖雅堂公於《台灣通史序》有言：「洪惟我祖先，渡大海，入荒陬，以拓殖斯土，爲子孫萬年之業者，其功偉矣！追懷先德，眷顧前途，若涉深淵，彌自儆惕。」今日我輩如何在既有的基礎上，淬勵精進，再創台灣第二次經濟奇蹟，實乃跨世紀願景。婆娑之洋，美麗之島，安和樂利，物阜民豐，實式憑之。

【序2】

觸動重新出發的機鈕

經濟部中小企業處 處長
黎昌意

在寶島台灣西元五〇年代生在台北的溫世仁，在美滿的家庭成長，順利完成小學、中學、大學，趕上台灣第一次經濟奇蹟的電子工業的成長期，跟七位創業夥伴打拼二十三年，一步一腳印的走到今天員工八千四百人之跨國集團，溫世仁先生還能用他的「心」敏銳觀察而醱酵的特有理念，不露痕跡的言詮，提供我們廣袤無垠的思考空間，觸動我們重新出發的機紐。

《二〇〇一年第二次奇蹟》一書，毫不藏私娓娓道來，對於我們過去的成功，喜悅的面貌鐫刻有苦澀的辛酸，樂觀的願景背後隱藏著危機，種種現象發人深思，也教人捏一把冷汗，稍一不愼踩出錯誤的腳步，邁開偏歧的方向，就要付出昂貴的代價。

許多傲人的數字，世人稱羨的成就，是過去政府與民眾攜手共創，但以光速計算的資訊時代，燦爛的新局如何擘劃、實踐，現有的優勢如何運用、發揮，累積的經驗智慧如何洗鍊、發皇，且在書中細細玩味。

個人承接中小企業輔導服務工作，有幸邀請師大附中、台灣大學傑出校友世仁兄，分別於八十六年三月十二日「第三屆中小企業輔導工作會議」暨八十六年十二月二十二日「一九九八中小企業展望與對策研討會」上，以「再創台灣第二次經濟奇蹟」爲題發表專題演講，內容精闢，與會者莫不由衷佩服，今世仁兄將講稿整理成書，個人非常樂見有更多的人分享其智慧的結晶，爰綴數語，表達由衷的謝意與高度的敬意。

目錄

第七樂章：二〇〇一年台灣最強的產業 127

附錄：零「交期」時代 150

前言

一九七二年中，我在台北縣三重埔的一個小工廠當廠長，每天中午吃中飯的時候，走進擠著一百六十人、比學校教室還小的餐廳，坐下來的時候，我的背幾乎要靠在後面的同事背上。

通常，吃飯前我會站起來講幾句話，並重複強調當月份的目標，接著，是當天值日的領班向大家報告生產目標達成的狀況，然後全體喊著努力達成目標的口號，之後，副廠長喊出軍隊式的口令「開動！」後，大家才津津有味的吃著新台幣一塊半的便當，那是小魚、豆乾、蔬菜和一大盒白飯。吃完飯略作休息，大家又士氣高昂的湧向生產線，繼續拼命的工作。記得有一次，爲了趕一批決定工廠命運的大訂單，我有三天三夜沒有上床睡覺，許多同事也是日以繼夜的加班，有些人體力不支累倒了，就灌一些紅糖薑水。

那是令人懷念的日子，在台灣各地，許許多多中小企業都是在這樣惡劣的環境下長大的，很少抱怨、沒有抗爭，大家都是爲了更好的生活而努力，不知不覺中，他們戰勝了貧窮，創造了台灣的經濟奇蹟。

九〇年代的今天，在台灣長大的年輕人應該是幸福的，因爲他們豐衣足食、不虞匱乏，偶爾看到描寫台灣艱辛發展過程的影片，他們也只覺得那是「從前的故事」。我常常想，如果我是今天的年輕人，我也一定會很迷惑，爲什麼這些號稱從苦難中長大的大人們，一邊彈著「產業出走、景氣惡化」的悲觀論調，一邊卻耽迷於金錢遊戲，而且熱衷於政治鬧劇及作弊的球賽。

曾幾何時，台灣的社會變得像羅大佑歌曲中的描述，我們能拿什麼給年輕人做榜樣呢？畢竟，在現今台灣許多社會的亂象及悲觀的論調中，我們還是看到一個全新的希望，一個創造台灣第二次經濟奇蹟的可能，這本書所要闡述的就是這個「新的契機」。我們期望新一代的年輕人都能看到台灣的新契機，在台灣再出發的日子裡，扮演中流砥柱的角色。

我在《台灣經濟的苦難與成長》那本書中，曾經對台灣過去五十年經濟發展有比較詳細的敘述。在這本書裡，我將簡單回顧一九六〇年～一九九〇年這三十年間，台灣的政府和企業如何創造了所謂的第一次經濟奇蹟。然後是九〇年以後，傳統產業外移，主要是移向中國大陸，在產業接近空洞化時，我們如何發現了台灣產業的新契機。

接著，我將探討台灣社會在新環境變動中，如何形成新的，以知識創造財富的生財體系，以及在這個新的生財體系中，發展出的新產業及未來的展望。書的最後，我們會描繪「台灣第二次經濟奇蹟」的輪廓和發展方向，以及民間和政府應做的努力。

許多師長朋友在知道我正在寫有關如何創造台灣第二次經濟奇蹟這樣一本書的時候，都高度關心且在他們的專業領域裡提供了我很多寶貴的意見，在這裡，恕我無法一一列名道謝。但要特別感謝我的學長連戰先生，在副總統日理萬機的行程中，兩度分別到我們在馬來西亞和台北的公司參觀訪問，並提出許多令人印象深刻的看法；經濟部中小企業處黎昌意處長，多年來和我互相分享了許多經營的理念與成長的喜悅；他們兩位是最早看了我這本小書的人，他們願意在百忙中再次爲本書寫序，都令我感謝和驚喜。

第一樂章

回顧

人有時候必須回顧過去，從以前的經歷中吸取經驗和勇氣，這樣，才能有更多的智慧來面對未來的機會。

台灣在一九六〇年以前，基本上是一個貧苦的農業社會；在一九六〇年到一九九〇年這三十年間，政府跟民間同心協力，在百廢待興的困難中，創造了第一次經濟奇蹟。

台灣第一次經濟奇蹟（一九六〇～一九九〇年）

台灣的第一次經濟奇蹟，是從一九六〇年到一九九〇年，從農業經濟成功的轉型到工業經濟。這三十年間，我們的經濟是這樣的：

	1960年	1970年	1980年	1990年
工　資	US$ 2-3	US$ 10	US$ 100	US$ 800
國民所得	US$ 150	US$ 400	US$ 2300	US$ 8000
外銷金額	US$ 2億	US$ 20億	US$ 200億	US$ 800億
外匯存底	US$ 7600萬	（1975年）US$ 10億	US$ 53億	US$ 800億

從右邊的統計數字，大家可清楚看到，我們的許多企業跟政府，在這三十年裡，如何創造了經濟的奇蹟。

現在回過頭來看，那還是很不容易的。一九四九年，國民黨政府自大陸遷來台灣，政治、經濟與社會的條件都不是很好，而在那樣困難的情況下，只短短經過十年的生聚教訓，政治與社會各方面即逐漸安定下來，並為日後的發展打下了良好的基礎。

一九六〇年是台灣中小企業的起跑點。那時候，一般人每個月的工資是二到三美元，大約是八十到一百二十元台幣。當時政府將匯率穩定在四〇：一，國民所得是一百五十美元，外銷金額是二億美元，外匯存底是七千六百萬美元。這樣的規模，在今天來看當然不大，但對當時的中小企業來說，已經具備了相當好的起跑點。

經過十年，到一九七〇年，平均薪水達到每月四百台幣，就是一個月十美元，國民所得也達到四百美元，外銷金額是二十億美元。

一九七五那年，我們創造了第一個十億外匯存底，這在當時是一個非常寶貴的記錄。

我們可以看得出來，在一九六○～一九七○這十年間，中小企業已經茁壯起來了，而往後的十年，則是更重要的十年。

到了一九八○年，每人每月平均工資已經提升到一百美元，國民所得暴增到二千三百美元，外銷金額成長十倍，達二百億美元，外匯存底五十三億美元。不過，這五十三億並非眞正的數字，因爲當時有很多廠商是把外匯存在國外。

一九八○年到一九九○年中前期，變化非常大。一九八六年後，我們的匯

中小企業在惡劣的環境中
披荊斬棘走出一條康莊大道，
並創造了台灣的第一次經濟奇蹟。

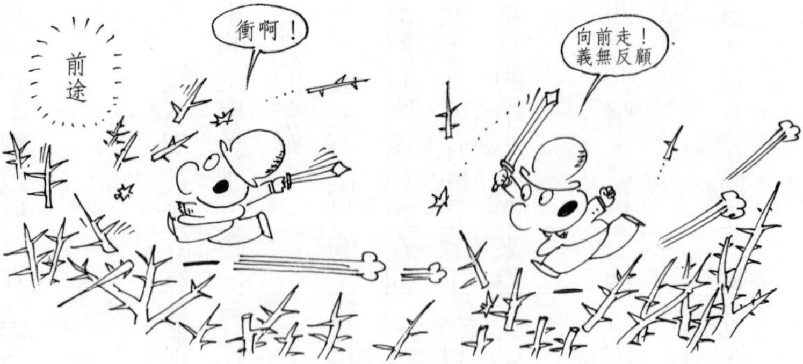

率由四〇：一遽升到二六／二七：一左右，當時很多企業都非常恐慌，因爲台幣的快速升值，使得許多做外銷的廠商利潤急速減少。

但即使如此，在這十年裡，我們照樣成長。一九九〇年我們的平均工資達到八百美元，國民所得是八千美元，外銷金額八百億美元。外匯存底的數目也大爲突破，因爲台幣升值和當時政治比較安定，大家對國家的信心大增，很多廠商將存在國外的錢匯回台灣，那是很多很多的錢，不斷的匯回來，使我們一下子成爲全世界外匯存底第二、第三名的國家。

因爲許多外匯匯回來換成台幣，台灣整體社會變得很有錢，也因爲大家都有錢了，從一九八七開始，出現了炒房地產、大家樂、股票等等各種大量的金錢遊戲，一直到今天，這個現象並沒有很大的變化。

一九九七年，我們的工資已經達到一千二百美元，當然這是以二七：一來算，即使是以一九九八年的三二：一來算，還是超過一千美元。而國民所得則已經超過一萬五千美元，外銷金額超過一千億美元，外匯存底還是超過八百億美元。

八〇年代末到九〇年代初，我們眞正的外匯存底遠比這八百億美元的數目大，因爲那個時候，我們的企業已經展開了很多的海外投資。

在一九九〇年以前，台灣基本上是一個被投資的國家，當時的黎昌意處長在投資業務處服務，任務是向外國企業大力推廣台灣是最佳的投資地區，但從八〇年代後期到九〇年代初，台灣已經轉變爲資金與科技的輸出國家，向東南亞跟大陸輸出大量的資金與科技，創造了新的格局。

在此同時，台灣本身的經濟發展並沒有緩慢下來，我們還是繼續成長。看到這樣的成長記錄，我們眞的很有感觸：我們的工資，從十美元開始，不到三十年時間，就達到一千美元，整整成長一百倍。

當然，國民所得的高度成長，勢必引起社會環境的改變，人力物力都因此要比以前昂貴，製造成本當然也因此提高了。在這樣的狀況下，顯然我們不能以傳統的方式來經營企業。

任何一個國家，不管是中、小型企業，還是大型企業，面臨到工資成本、社會價值觀變化這麼大的狀況，都不能再用過去的方法去經營，因此，企業爲了繼續發展，甚至只是在新的環境中生存，都必須要轉型。過去十年間，台灣的廠商已經磨練出自己轉型的方向，這也意謂台灣的企業與經濟已經有了不同以往的成長方向。

我先來分析第一次經濟奇蹟之所以成功的原因；當然，成功的原因有很多，首先談政府的助力。

政府的助力

台灣第一次經濟奇蹟的主導者是政府。當時的政府在非常困難的情況下，大力進行台灣經濟體制的改革，其中有幾個影響非常大的措施，包括：

【外貿改革】

在一九六〇年進行外貿改革，當時把台幣貶值爲四〇：一，有利出口，後來又訂立了保稅、退稅、獎勵條款等，這些措施營造了有利的外銷環境。

【引進外資】

接著政府派出許多優秀人才去引進外資，有名外國公司如通用、RCA等，都是在當時進入台灣投資。

【成立加工區（一九六六年）】

外資引進台灣的變革，很像從沿街叫賣（分別單獨引進外資），變成大排檔（攤販集中營業）。

爲了吸引外資，一九六六年後我們先後成立了三個加工出口區。當時我們常笑稱這些加工區是大勞工營，事實上，這是使我們吸引外資的方式較有規模、有重點的做法，今天許多開發中的國家，都是學這個方式，加工區是我們政府非常重要的創舉。

【成立外貿協會】

接著成立外貿協會，有了外貿協會之後，所有和國外有關的貿易問題，都可以透過外貿協會這個常設機構統籌負責協調規劃，各個廠商不必再單打獨鬥或盲人摸象式的到國外去瞎碰亂撞，外貿業務的整體發展就容易多了。

【成立工技院】

一九七三年成立工技院。開始以新竹的大學爲核心，有計畫的培養科技專業人才，使我國的現代科技有足夠的基層，對我們國家的貢獻非常大，尤其是一九七四年，在工技院下成立電子所，接著又成立IC實驗工廠，使台灣的電子技術緊追時代的潮流和尖端，同時造就了我們今天半導體工業的基礎。

【推動十大建設（一九七四年）】

一九七四年蔣經國推動十大建設，那是非常重要的公共建設（infrastructure）。十大建設使台灣的各項工商產業得到良好的基礎與流暢的管道，加速各個行業之間的流通，奠定了台灣現代化的體質。

【成立科學園區（一九七九年）】

一九七九年，成立科學園區。如果加工區是大勞力營的話，那麼，科學園區就是大腦力營，加工區促使台灣生產力的大量集中，而科學園區則集中了台灣的科技智慧，除了本土技術的升級，也提高了我們的研究發展能力，並促使大量留在國外的學人和留學生開始回流，這些人帶回來國際級的尖端科技與管理方法，使我們的科技產業有了脫胎換骨的進步。

【成立資策會、強化生產力中心】

接著又成立資策會、強化生產力中心等單位。這些國家性的常設機構扮演了很重要的研發工作，他們研究發展新的高科技與引進新的管理觀念，並與廠商密切合作，無論是實際參與廠商的生產運用，或節省民間單位的投資成本，以及針對個別企業內部的管理改善等等，都有很大的貢獻，也使得國內的廠商得以在很短的時間內企業升級。

民間的努力

當然，除了政府有關部門的全力推廣，第一次台灣經濟的實現，民間的努力是絕對無法忽視的力量，在一九六〇～一九九〇年這三十年間，台灣民間企業展現了極其強旺的生命力、高度的機動性與異常強烈的企圖心。

大致說來，台灣民間的努力大概有幾個方向：

【出賣原始本能（manpower）】

在一九六〇年轉入工業時代的台灣，基本上，我們憑藉的主要力量，是出賣原始本能——也就是人力（manpower）。過去我們講工業管理，最早講3M〔material（原料）、market（市場）、和money（資金）〕，後來加上人力（manpower），變成4個M，又有人講要7M，加上management（管理）、machine（機器）、method（方法），最後講到8、9個M，但最開始的時候，我們只有一個M，那就是人力（manpower）。我們用我們勤勞、打拚的精神，克服一切的困難，用這種最基本、最原始的力量，使台灣從農業社會轉入工業社會。

【小型企業崛起、客廳即工廠】

接著，我們的小型企業崛起了，開始是一些爲外資廠做外包、服務的小企業，以及一些做國外商品代理的小貿易公司。

在那個時候，有所謂「客廳即工廠」的說法，大家把自己的客廳當工廠，在農閒的時候或下班了以後，接一些外銷成衣、塑膠製品的東西回來加工，以一件幾塊甚至幾毛的報酬，爲自己的家庭也爲整個社會賺取微薄的利潤，那時候，眞可以說是「全民皆兵」般的在努力，可以看出我們中小企業打拼最寫實的景象。

【野雞式行銷】

過去我在東南亞演講時，他們常問我一個問題，他們說你們台灣當時努力創造工業、發展經濟、創造產品，我們可以了解你們的努力，但是，做出來的東西，你們是怎麼賣出去的？怎麼會有人願意向你們買東西呢？我想，那是我們台灣特有的「野雞式的行銷」。

當時，許多貿易商、工廠的貿易代表，常常拿著自己生產的樣品和目錄到機場，或飯店大廳，只要看到外國人，就不管三七廿一的去跟他談，問他要不要買東西，碰壁的情況當然不少，搞錯對象的也很常見，但談多了，總會碰到有興趣的買主。那種情況，很像以前城市火車站前總會有一些到處延攬客人的野雞車，只要你從那裡走過，他就問你，要不要坐他的車到什麼地方去等等，這就是所謂野雞式行銷。

我想，現在幾乎沒有人能夠想像，當年台灣人是用這種方式開始我們的貿易、推銷我們自己的產品的。

【IPO與OEM】

漸漸的，我們的產品比較多了，也有了一定的品質，有一些國外的廠商開始到台灣來設立採購辦事處（IPO：International Purchase Office，國際採購辦事處），台灣的企業這才能夠開始比較有系統的銷售，規模再大一點的廠商，設備與人力都到達一定的水準，他們的品質被外商肯定之後，由於我們的勞力比較便宜，也比較拚命做事，所以有些外國的廠商開始委託製造他們的產品，這就是所謂的OEM（Original Equipment Manufacturing，原廠委託製造）。

【紡織、塑膠、電器、鋼鐵等與第一代企業家形成】

到八○年初期，台灣開始成爲許多種產品——如運動鞋、雨傘、自行車等等產業的「世界第一」。而紡織、塑膠、電器、鋼鐵業，經過二十年的成長與累積，更是有不少已經達到世界規模，所以也開始出現了我們第一代的企業家。

【電子、資訊、半導體等與第二代企業家形成】

接著在九○年初，電子、資訊、半導體等高科技產業成爲台灣企業新的重要發展方向，這些高科技產業集中了台灣第一批高學歷的科技人才，他們憑著無比的毅力和打拚的精神，與全世界的高科技產業同步競爭，不但創造了台灣前所未有企業體質，也造就了大批第二代更具有國際視野的企業家。

【產業外移——輸出資金、技術】

在台灣近幾年的發展中，有許多產業無法升級，必須外移，藉以尋求比台灣便宜的勞力和物力來降低生產成本。因此，產業外移並非放棄台灣，而是輸出我們的資金與技術，在台灣以外的地方創造財富。

【台幣升值、金錢遊戲、GSP喪失】

值得一提的是，在一九八七年，台灣社會連續發生了三件大事，一件是台幣大幅升值、一件是金錢遊戲、還有一件，就是GSP(Generalized System of Preferences普遍優惠制)的喪失。

大家樂、房地產、股票投機等金錢遊戲，使許多人沈醉在快速致富的幻想和追逐之中，他們成天忙著問明牌、四處尋找可以炒作投機的土地和股票，不但工作意願降低，而且對金錢的看法和以前勤勞賺錢的過去三十年完全不同，因爲可能在一次的投機中，就可以賺取一輩子也沒有辦法累積的財富，所以他們不願意再像以前那樣老實的上班工作；這種台灣社會集體的金錢遊戲，使台灣原本傲人的整體生產力急速滑落，許多廠商都也找不到適當的員工，各種業務嚴重停滯，這些因素，也是引起產業大量外移的重要原因之一。

台灣這樣的產業外移，你可以說是企業家出走跑到國外去了、企業外移到外地去了，台灣的生產力都跑到國外去了，但從另一個角度來看，也表示我們台灣的企業已經徹底工業化成功，我們不只能輸出產品，也有能力輸出資金跟技術。

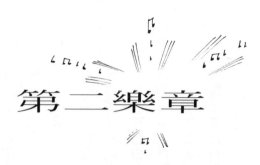

第二樂章

新生財體系

科技是恩典，它提供了我們選擇的額外機會；科技也是必然的趨勢，不論你接不接受，全球科技化會像後浪澎湃地撲向前浪，覆蓋整個過去。我們可以藉著科技的浪潮創造出自己的機會；如果我們反應不夠快速敏銳，就會被科技這股洪流淹沒…

以知識創造財富

一九九六年，有一個重大訊息可能被大家所忽略了。

這一年，美國有兩家公司，一家是做電腦晶片的英特爾（Intel）公司，另外一家就是微軟（Microsoft）公司，這兩家公司股票市場的總值，正式超過美國三大汽車廠（通用、福特跟克萊斯勒）的市場總值。

美國三大汽車廠，事實上就是世界三大汽車廠，他們在全世界擁有難以計數的工廠及服務據點，每年生產汽車所耗用的鋼鐵和各種資源，其規模是難以想像的龐大。

而英特爾跟微軟這兩家公司的產品和成本，卻與傳統的汽車產業需要龐大的資金、材料與土地完全不同。

英特爾生產的是電腦晶片，電腦晶片是用廉價的石頭提煉出來的東西，材料本身沒有價值，但這種用二氧化矽提煉出來的小東西——一個只有指甲大小的CPU，可以賣到上萬台幣，相對於電腦晶片的高價值，基礎材料的成本幾乎等於零成本；微軟更是生產無形的、完全是知識與創意的產品——

電腦軟體程式，嚴格來說，微軟的產品甚至是沒有物質材料的，可是微軟不但是全世界有史以來最賺錢、發展最快的公司之一，它的老闆Bill Gates比爾蓋茲，也因此輕易成爲全世界最年輕的首富。

而這兩家公司的市場價値，超過三大汽車廠的總和，這意味著一個很重要的觀念：以知識所創造的財富，已經遠超過傳統工業所能創造的財富了。英特爾總裁安迪葛洛夫，當選Time雜誌一九九七年的風雲人物，他擊敗世人矚目的黛安娜王妃、創造複製羊的費爾莫博士，在充滿天災、人禍、疫病的一九九七年，發揮難以想像的影響力。這位晶片教父的成功，向我們展示了一種新的生財體系不但已經誕生，而且是創造新世界的寧靜革命。

台灣不可能自外於這波新的經濟變革，根據《亞洲財富俱樂部》（Asia's Wealth Club）雜誌公布的調查報告顯示，在東亞金融風暴的席捲之下，台灣富豪在亞洲前百大富豪排行的名次向上竄升。

値得注意的是，隨著高科技工業而崛起的富豪新貴，如華碩、台積電等新興企業，其高度的成長和豐厚的利潤，都遠比傳統企業更令人矚目。以台積電為例，這家創立才十年的半導體公司，目前市價總值為四千八百五十五億元，超越國泰人壽的四千八百三十六億，是國內股票上市公司中市值最高的企業。這類高科技公司證明了靠知識累積財富是新的生財方式，同時也逐漸修正傳統的價值觀：不必倚賴優渥的家世背景和資本條件，你同樣可以成為一個頂尖的成功者。

從農業、工業到資訊時代的生財體系

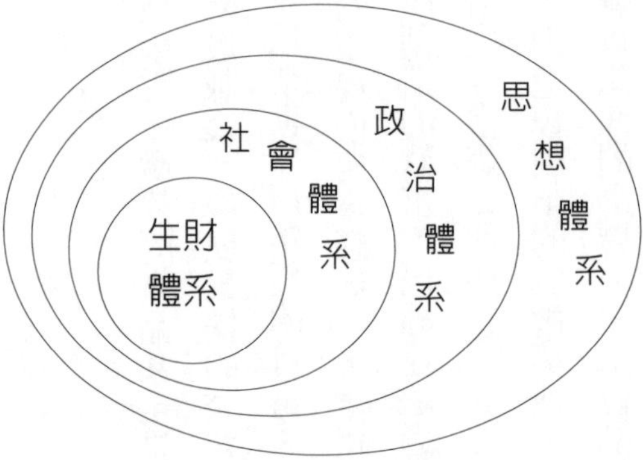

我們回顧人類歷史的演進，很容易發現，每一個文明最早的起源點，都是生財體系的建立與完成。

我們的祖先幾千年前在黃河流域發展了農業，也就是以農耕地來創造財富，從而結束逐水草而居的遊牧生活，大家開始圍繞著可耕作的農地，產生許多聚落，發展成農村，並逐漸形成社會體系。這樣的一個社會，就是我們所稱的農業社會。

農村越來越多，農村與農村之間如果發生衝突要如何解決？誰來決定對錯？因應社會體系發展的需要，就產生了政治體系，來解決各個社會體系間產生的對立和紛爭，維持一個運作的秩序；政治體系慢慢成熟以後，即產生天、地、君、親、師這一類的思想體系，一個比較完整的文明就差不多成形了。從這樣的發展，我們就很容易了解，每一個文明的形成，都是從生財體系開始的。

到了十八世紀末期，牛頓發明萬有引力定律、瓦特發明蒸氣機以後，帶動了英國的產業革命，人類歷史又向另一個階段邁進。

產業革命對人類的最大影響，就是生財體系的重新改變；過去我們生財的方法是靠種田、耕地；產業革命以後，我們是靠大量生產的系統來生財，當這些大的工廠、銷售機構出現以後，立即引起社會體系的劇烈改變，於是人們開始遷徙，開始從鄉下搬到都市，從而進一步帶動政治體系的改變。

中國在廿世紀初發動一次政治革命，創建了新的民主體制，改變了中國歷史的發展，而從整個人類歷史的角度來看，在那個時期，事實上幾乎所有的國家在當時發生了政治革命。爲什麼呢?因爲產業革命造成的生財體系的改變是全球性，藉由機器大量生產的方式帶動了全球社會體系的改變，進而影響了政治體系的變革，因此我們也看到了人類思想體系的巨大而劇烈改變。

這就是爲什麼農業時代並沒有共產主義，也沒有資本主義。思想體系的產生，乃是爲了因應新的社會體系的變動，而今天，在電腦科技的高度發展中，我們正站在另一波新生財體系浪潮的前端。

文明的浪潮

托佛勒（Alvin Toffler）博士曾經在《第三波》這本書裡面談到文明的浪潮，他把人類歷史文明大略分為三個時期。

1.農業文明——以可耕地創造財富

農業時代最有權力的人就是地主，地主不是擁有土地就可以，而是要擁有可耕種的土地。

2.工業文明——以資本創造財富

接著進入以資本創造財富的時代，在這個時代最有權力的是資本家，他們開廠、開店，創造許多財富。

3.資訊文明——以知識創造財富

一九八〇年以後，人類已經開始進入第三個文明，即所謂的「第三波」，就是以知識創造財富的文明。從一九八〇年開始，由知識所創造的財富慢慢出現、增加，到了一九九六年，資訊文明的生財體系能夠創造的財富，正式超過工業文明的生財體系。

什麼是「新的生財體系」？

我們又要如何以知識創造財富？

我們正面臨一個新的生財體系（資源之有效使用），一個新的創造財富的方法。到底什麼是新的生財體系？要了解什麼是新的生財體系之前，我們先看一下什麼叫做生財體系，很多人把生財體系跟賺錢搞在一起，事實上，賺錢只是生財體系裡面的一個活動，「生財體系」最簡單的解釋，就是有效地利用資源，這是生財體系非常重要的概念。什麼叫做資源呢？資源大體上可以分爲兩類：一個是人資源，另外一個是自然資源。

我們每一個人都是人的資源，自然資源則包羅萬象，像礦產、樹木、水源等這些都是自然資源。

資源的利用，就是在把人和自然這兩個資源做最有效率的運用。而在每一個時代的體系裡，最重要的改變就是不斷提高這兩種資源的運用。

我看過一篇報導，是差不多一百年前產業革命以後的一篇有關做迴紋針的故事。過去鐵匠要做一個迴紋針，先要夾一塊很小的鐵塊，將它燒紅，然後用鍾子一直打，冷卻後再加熱，再打，再冷卻再加熱，需要經過很多很多程序，所以那個時候一個鐵匠兩天才能夠做一根迴紋針，因此當時的迴紋針非常昂貴，只有非常有錢的人家或是皇室裡的人才用得起。

產業革命以後，發明了煉鋼爐，可以大量把鐵熔解，然後使熔解的鐵漿從模具做的溝流出來，變成鐵線，再用工具將鐵線一捲，就完成了一個個迴紋針。在一百年前，一條二十個人的生產線，每天可以產出四千八百根迴紋針，從這件很小的事情，我們已經可以看出農業社會與工業社會在生產力，以及資源使用的差異在那裡，使用舊的方法，一個人一天只能做半根迴紋針，採用新的方法後，同樣的一個人一天就可以做出二百四十根（四八〇〇除以二十人）迴紋針，而且在製造的技術上可能更爲簡單。

這就是說，同樣的一個人，只因爲他能夠有效的利用人資源，所以他的生產量可以輕易提升幾十、上百倍，這也意謂著同樣一個人他採用不同的方法之後，可以有更多的產量，當然也就可以賺更多的錢。

前年，我又看到一篇用機器製造迴紋針的報導，現在的機器每一秒鐘可以做四根迴紋針，速度快得像子彈一樣打出來，一天可以做三十三萬根迴紋針。

因此，大家可以看到生財體系的改變，是建築在科技的發展上。同樣一個人，過去一天只能做半根迴紋針，後來做二百四十根，現在是三十幾萬根，這種生產量的提升就是所謂的創造財富，同時也爲所有的人類帶來更方便、幸福的生活。今天，迴紋針就像其他許許多多的生活用品一樣，使我們的生活比古時候不知進步方便多少，這是其中的原因之一。

自然資源也是一樣，過去農夫要是挖到石油，那是非常倒霉的事，得趕快去拜神求佛，因爲那個時候人類還不會利用石油，後來石油幾乎像黃金一樣寶貴，農人如果挖到石油，那簡直比天上掉下錢來還寶貴。

所以說，能夠善用資源，就能夠產生財富。

很重要的是，今天我們談的致富之道，是非常正直的賺錢方式，不是去搶奪別人錢財，因爲只要我們瞭解創造財富的起源，就知道什麼事情可以創造財富，而再也不必動任何不正當的歪腦筋。

利用知識使資源發揮更大效用

新的生財體系，簡單講，就是利用知識使資源發揮更大的效用。如果你可以利用知識取代資源，那麼你就可以賺到錢。

我常常講一個簡單的例子，今天我們要寄一封信，要從台北寄到上海，首先我們要先寫信，所以我們要有一些廠商製作各式各樣的信紙，寫完了以後要有一個信封，所以要有一些廠商專門做信封，然後再貼上郵票，這得有一些工廠專門做郵票，接著我們要到一個建築物叫做郵局，把信投進去，郵局收到信後，根據信封上的地址加以分類，然後用火車、汽車輪船或飛機運送到各個國家，在我們例子裡，上海的郵局收到信後，再交由郵差挨家挨戶去送，最後送到你寄信那個人手中，他收到你的信，讀了以後很感動，但已經是一個禮拜，甚至更久以後的事了。

只是寄一封信而已，爲了這樣一個簡單的目的，從頭到尾，我們要耗用多少資源，才能把一個人的信（信就是一個人心裡的話），送到另外一個人手中。

今天寫信聯絡，許多人都用傳眞機了，只要我和對方都有一台傳眞機，兩分鐘內對方就可以收到，這其中，我們甚至無法想像節省了多少資源，但卻可以得到同樣的效果。因此，創造發明傳眞機的人他就獲取財富，因爲他幫許多人同時節省金錢並有效利用資源。

傳眞機剛開始流行的時候，我碰到一個眞實的笑話，我有一個朋友，他買了一台傳眞機，非常興奮，就發傳眞給我，傳了半天，很苦惱的發現無論怎麼傳，那張紙就是沒辦法傳出去，所以只好打電話給我，我一接到電話，就說，「我收到你的傳眞了，很清楚。」他很驚訝的說：「怎麼可能？我的紙還在我這裡，你怎麼可能收到呢？」

這是一個眞實的笑話，那時一般人以爲傳眞機就像信件一樣，是要把信寄出去，對方才收得到的。當然，現在我們都明白，傳眞機是將傳眞的內容用電子光學方法掃瞄以後，變成電子的訊號，訊號經過電話線傳到對方的傳眞機，對方的傳眞機再將收到的訊號翻譯過來，用它的印表機列印出來，比起信件的郵寄過程，當然是進步太多太多了。

但是，這樣我們還不滿意，因爲我們還要列印，有一張紙還需保存，而大部分的時候，我們要的，是傳眞的內容，而不是那張紙。

個人電腦漸漸流行以後，如何用電腦來傳輸資料成爲很重要而熱門的課題，等到網際網路大爲歡迎，藉由網路來傳送資訊的E-MAIL，就是電子郵件，不但可以在一秒鍾內把你的信件傳到全世界的任何一個角落，而且看完之後，可以選擇把它洗掉，或者放在磁碟裡儲存，這樣的一個發明，當然可以獲取財富，爲什麼呢？因爲有效的運用了知識來利用資源。

所以，新生財體系最簡單的原理，就是用知識代替資源。

至於如何運用知識來代替資源，讓我們再來看一個例子。

美國最近有一種服務，叫電話外送披薩服務（PHONE PIZZA），披薩（PIZZA）是中國人這幾年剛開始喜歡吃的食物，披薩有牛肉、番茄等等很多不同的餡，可依照個人喜好訂做，在外國很受歡迎。可是要出去吃披薩所需要的功夫很大，首先是穿好衣服，開車到披薩店去，到了那兒，停好車走進去，找到座位下來，等服務員過來問你需要什麼，好不容易決定了自己喜歡的口味，還得再等一陣子後，服務人員才會把熱騰騰披薩送到你桌上。

大家試想一下，這樣去吃一客披薩的整個投資，其實是非常大的，要有車，要有餐聽，餐廳要有服務人員，要支付空調水電等等，而這些費用統統轉到客人身上，披薩的成本就變得很高。

於是就有人想到打電話叫披薩的服務，如果你要吃披薩，打電話來，三十分鐘內幫你送到家裡。如此一來，你不用換衣服，不用開車，我也不用開餐廳，這些錢都省掉了，而這些資源省下來的結果，是方便更好的服務，是不管你在那裡都可以吃到熱騰騰的披薩，三十分鐘內送到，超過一分鐘就不要錢。

披薩外賣在台北、北京這些城市還容易做到，在外國他們通常住得很散，光開車都不只三十分鐘，怎麼可能在三十分鐘把披薩送到，而且還要按照客人訂做的、熱騰騰的？他們怎麼做到的呢？

原來，他們是把做比薩的材料及廚房搬到貨櫃上，一個公司雇用幾百個貨櫃在高速公路上巡迴繞，接到訂批薩的電話，就打行動電話通知最接近地址的車子，在開向客人地址的路上，就根據客人的訂單開始作業，等到這個貨櫃到你家門口時，你要的披薩也才剛剛做好了。

不但如此，現在還有跨州服務，大家想像一下，過去要蓋一個餐廳，要開車，要停車廠，那麼多的資源，目的是什麼，只是想吃一個自己訂做的、熱騰騰的東西。如果可以用知識去思考，用技術去實現的話，那麼我們可以節省很多資源，這樣的一個創造財富的方法，就是我所說的新生財體系。

人資產概念

在新的生財體系中，人是最重要的關鍵，因為所有的知識都是在人的頭腦裡面，而整個新生財體系中最重要的就是知識。

知識是什麼？

知識就是資訊加上思考。

大家都知道報紙就是資訊，當你吸收報紙的資訊後，經過思考整理，你可以把它寫成一篇文章或一本書，這文章和書就變成知識，一種可以變成財富的知識。知識加上實現的方法就是一種技術，更高層次一點的知識就是智慧。

智慧是什麼意思呢？我們說這個人很有智慧，是說他有各種各樣的知識，而且又有一些自己獨創的地方，也就是所謂的創意，知識加上創意，就是智慧。

發明、創新是什麼呢？就是智慧加上實現的方法，也等於知識加創意加實現的方法。

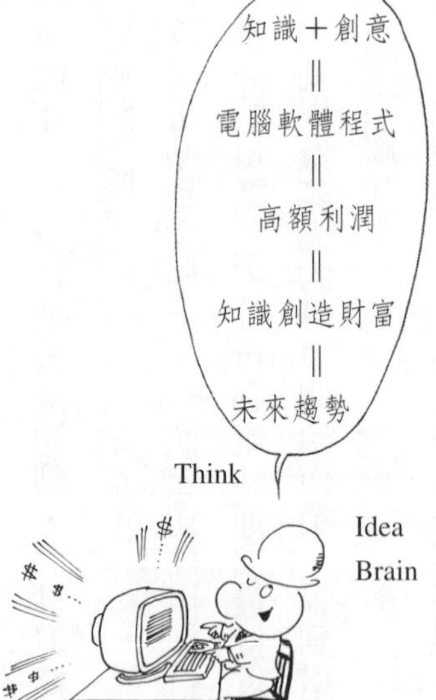

目前這些主要用來創造財富的

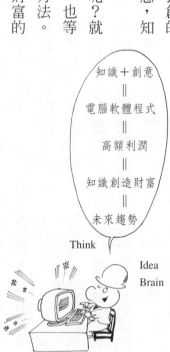

工具都離不開知識，他們都有知識的含量。

知識
＝資訊＋思考

智慧
＝知識＋創意

技術
＝知識＋實現方法
＝資訊＋思考＋實現方法

創新發明
＝智慧＋實現方法
＝知識＋創意＋實現方法

所謂的高科技產業，也不過就是知識含量高的產業。

我是做計算機生產的，我常常想，計算機的生產過程並沒有做裝水的木桶來得複雜，我會做計算機，但不會做水桶，因爲實現的方法不同，而計算機的價值比水桶高的原因，是在於知識含量比較多，一個產品是否是高科技產品，是不是高價值，不在它的製作方法的困難度，而是決定於它的知識含量。

知識是在人腦裡面產生的，因爲知識需要經過人的思考，電腦是很強的計算工具，可是電腦沒有辦法思考，沒有辦法生產知識，生產知識只能靠人腦，所以人在新生財體系中是最重要的資產。

在新的時代裡，人是最寶貴的資產。

在過去的農業時代，我們以可耕地創造財富，因此擁有耕地的地主最有錢，而佃農就是農奴，講難聽一點就是承包制的農奴，他們一年做多少，就給他們多少錢，在那樣的時代裡，人只是一種勞力，不是很重要，甚至在今天，有很多國家、很多社會都還是把人當作「一分耕耘、一分收穫」的費用單位，在財務報表裡，桌子、投影機等等反而被稱爲資產。

但是在新的生財體系中，人才是眞正的資產，因爲所謂的財富是由人創造出來的。英特爾和微軟是由兩個很傑出的領導人物所建立起來的新型態的公司，他們兩個人的智慧就把三大汽車廠代表的資本主義帝國打垮了，這是以知識創造財富最好的典範。

自然資源的自然使用

自然資源的使用，也可以創造財富。

目前我們對自然資源使用，都是像樹一樣把它砍倒，或是把它溶化、加熱、火燒等，這種利用方式其實是對自然資源的破壞，我們現在蓋房子的方式，也是一種破壞，因爲要先把地上的東西全部剷完，把地挖了做地基，然後用土燒成的磚頭和鋼筋水泥等等，把房子蓋起來，這整個建築的過程，其實是一連串的破壞。

在未來的世界，我們會有新的科技，達到自然使用自然資源，這種不破壞自然的方法，是將來另外創造財富的關鍵。就像我們現在夏天熱了就習慣開空調，耗費許多的電力，如果我們能夠以自然方法將太陽的能量加以有效利用，必然可以在節省能源的同時，創造很多的財富。

如何建立新生財體系？

任何事情，通常都是講容易，做比較困難。

新的生財體系的建立當然不是垂手可得，但實現起來，其實並沒有非常困難。

重點在於，我們要了解新生財體系的特性，善於利用我們的科技與技術，並且適當改變我們可能僵化的保守觀念。

建立電腦與通訊的基礎設施

要建立新的生財體系，第一件要做的事情，就是建立電腦跟通訊的基礎設施。

電腦並不是腦，是處理、儲存資訊的工具。以查字典爲例，那麼厚厚的一本字典，有的字難查，有的好查，有人統計過，用字典查一個英文單字，平均要花十二秒鐘。現在，如果用電腦或電腦詞典來查，只要一秒鐘。

要特別強調的是，新生財體系的概念是，如果得到的結果是一樣的，那麼你用舊的方法和工具，你就得花十二秒，但新的方法和工具則只需要一秒。時間花得越少，就表示你節省了成本。

最近有更進步的瞬間展示軟體發明了，只要你滑鼠的游標移到哪裡，字典就自動把那個字的翻譯展示出來，連一秒鐘都不用。

這是拜電腦高速處理資訊的能力所賜，同時，電腦可以儲存大量的資訊，像我常用的小電腦，它有2GB的記憶容量，如果換算成紙張，等於是可以將二百萬頁的書儲存在這個小小的磁碟裡面，大家想想看，二百萬頁要多少本書，如果每本書是二百頁的話，就有一萬本書，差不多已經是整個書店的書了，卻可以存入我電腦裡的一個小小磁碟機，可以想像，我們儲存和獲得知識的方法比以前不知進步了多少。在以前，即使你有地方可以存放這

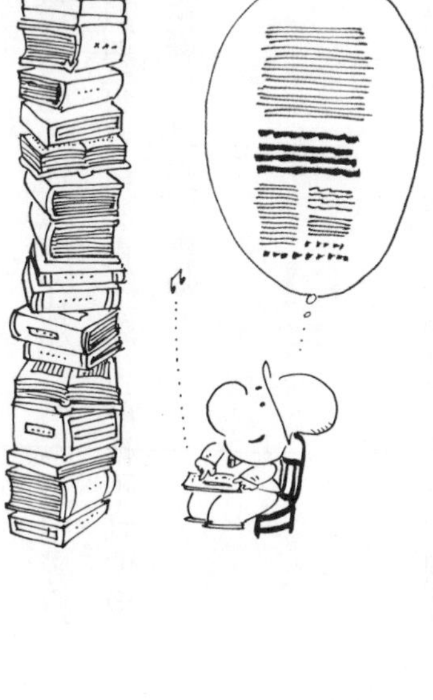

麼多的書，如果沒有電腦高速運算的搜尋功能，你怎麼在那一萬本書中尋找你要的書籍、資料呢，事實上，一個人只要有五百本書，就可能找不到要用的那本書了，所以我們需要有高速處理跟儲存資訊的電腦。

建設通訊的基礎

通訊做什麼呢？就是傳遞信息。

過去我們要和一個人聯絡非常不容易，你寫封信要一個星期甚至一個月對方才會收到，你想找一個人，可能常常找不到他，但是今天如果我們知道某某人的BB Call或大哥大號碼，他就跑不掉了，一定可以找到他，你找他的要聯絡或處理的事就不會被耽擱，這個就是通訊、傳遞訊息。

人腦是用來處理知識的，人應該充分使用電腦來處理資訊，知識是資訊加思考，再用人腦的思考來處理知識，並充分利用通信設備，加速資訊及知識的流通與交換，那麼運用知識來產生新的財富的可能性就愈來愈快速了。

建立社會的資訊網路

第二件事就是建立社會的資訊網絡。到目前爲止，我們所有取得訊息的方法都是接收型的，就像我們早上起來，送到家裡的報紙，那些內容都是事先編好了的；打開電視，也是他人將節目編排好給我們看；我們到書店買書，也是陳列出來的我們才看得到，沒有陳列出來的，我們根本看不到，所以說我們是處在一個接收型的社會裡頭，我們對資訊的取得都是被動接收的。

將來，資訊會透過網際網路（Internet），而變成主動的選取型。通訊跟網路不同，通訊是兩個人對通，譬如我打電話給對方，兩個人通話叫對通；但是網路比通訊增加一個功能，網路是在通訊的線路上掛了許多資料庫，一個人在電腦中打出一個信號，在網路高速的傳輸與處理下，到各個資料庫裡去選取他想要的東西。

譬如我今天想要找一個人，這個人除了要會說國語，又要會說廣東話、日語、英文，要去哪裡找這樣一個人？過去我們要找這樣一個人根本是海底摸針，若還指定要在二十五歲到三十歲之間，那就更困難，但是現今網路裡儲存了很多資料，你可以到網路裡各個人事資料庫裡去找、去選取，所以我們要建立社會資訊網路，資料庫內容也要建立起來，在我們在邁向新生財體系，除了要有電腦與通訊的硬體設施外，還要建立資訊網路，如此將來我們就可以主動地選取資料。

一般來說，現在的書店能有個三萬本書就很多了，未來書店裡可能會有六百萬本到一千萬本書，想想看，這怎樣去看呢？除了用主動選取，到網路查詢之外，沒有任何一個書店可以擺下六百萬本書，即使是圖書館，需雇用多少人，去六百萬本書中查我想要知道的那一種書呢？但是只要有電腦，你不必任何人的幫助，就可以透過網路在自己家裡找到你需要的書。

建立社會知識庫

我們常說現代是一個知識爆炸的時代，這句話眞是一點都沒錯。古代的人只讀四書、五經，總共只有九本書。今天普通一家書局可能就有幾萬本書，所以我們常常要講這是一個知識爆炸的時代。

但現在也是一個知識不足的年代。因爲我們想要的知識都沒有，想要找的書也多半找不到。

所以，仔細想一想，爲什麼會說知識爆炸？固然現在的資訊太多是事實，但知識之所以會多到「爆炸」，其實是我們仍然用傳統的方法管理知識、處理知識，所以我們找不到我們要的書，也學不到我們需要的知識，就覺得這些書太多了，多到了我們不知如何看起，這就是知識爆炸的意思，但是如果我們建立了知識庫的話，那我們不用看書，有問題的時候只要「問書」就可以了。

前幾天我兒子問我說：「爸爸，你覺得黃金爲什麼是黃金色？」我一想也有道理呀！我沒有想過這個問題，黃金爲什麼是黃金色？ 地球上沒有一樣東西跟黃金同一個顏色。像這樣一個問題，你要看多少本書才有答案？一般人的經驗，大概都是找不到答案的吧？但如果我們能夠做到「知識隨選服務」（Knowledge On Demand），那麼只要在網路上把問題問出去，讓電腦在知識庫裡找答案，電腦就會主動在資料的大海中爲你尋找答案，假如找不到答案呢，沒關係，這個題目就跑到公眾知識庫上面，那些知道答案的人就可能會在網路上回答你，於是這個和答案又變成知識庫的一部分，這樣，所有的知識都可以大量累積，變成一個所謂「知識隨選服務」。聽起來有點像是異想天開，但事實上，這兩年網際網路的蓬勃發展，已經具備我上面所形容的運用知識庫的雛形，將來電腦更進步，知識庫更完整，我們就會發現知識其實是不足的，而不是爆炸的。

知識對我們太重要了，是我們每個人都必須具備的，因爲知識可用來創造財富，所以我們要增加知識，要增加知識最方便有效的方法，就是要有知識庫。所以我們除了要有電腦和通訊的硬體設備以外，接下來就是建立資訊庫，還要有知識庫。

再訓練工程

我們在談科技的時候，所有事情裡邊最困難的就是人。

在一九七三年，我在一家電子計算器工廠擔任總經理，當時我代表業界參加一個辯論會，辯論「計算器和算盤哪一個比較好？」坐在我們對面的是一些年紀大一點的教授、老師，我們這些年輕人則代表業者，雙方辯論的重點是，到底應該不應該使用計算器，還是繼續用算盤。

現在談這個問題當然已經是個笑話啦，但在當時這可是一個很大的、不

斷引起爭執的問題。那些老師首先講：使用計算器（當時叫計算機）頭腦會變笨，什麼東西都要靠機器，以後就什麼都不會算。

當時我提出一個觀點：美國人都用計算機，你說他笨嗎，他們可是在一九六九年就已經登陸月球了。

這個辯論你來我往辯個不停，到最後，一位年紀大一點的老師，他著急地站起來，生氣的以教訓晚輩的口吻說：「你們這些年輕人，有一天這個世界上沒有計算機的時候，看你怎麼計算！」當時我只有二十幾歲，年輕氣盛，不禁就站起來反駁說：「老師，照你這麼說，我們大家最好趕快離開現場，趕快回去學鑽木取火，不然有一天這個世界上沒有火柴和打火機的時候，我們都沒有飯吃了！」

一般來說，人對新科技難免會有一種自然而然的排斥心理，這倒不是人拒絕新的東西，而只是一種很微妙的心情。

伽利略用望遠鏡看到地球是繞著太陽轉的時候，就提出報告說，過去認爲太陽繞著地球轉是錯的，實際上是地球繞著太陽轉。這在當時教會統治的社會裡，是非常大逆不道的說法，怎麼可以說我們這個偉大的地球是繞著太陽轉呢，於是教會就把他軟禁起來，要他反省，直到他承認太陽是繞著地球轉時才放他出去。

伽利略是一個科學家，他被軟禁時說：「我沒辦法，你把我關起來也沒用，地球還是繞著太陽轉。」

許多事情都類似這個故事，直到今天，還是沒有多大改變，但是，我們應該學會的一件事是，面對任何新的科技，都要抱著謙虛的心情去接受。

最重要的是，我們要明白，科技事實上是人類智慧累積的一種恩惠，科技使我們的生活得到很大的改善，這就是一種恩惠，何況，科技改善了我們的生活，而並沒有破壞我們生活原來美好的一面。今天我們可以用電話和別人聯絡，但這並不妨害我們像從前一樣，自己跑去找我們想要拜訪的人。今天有各式各樣的速食商品，使我們可以很方便的解決飲食問題，但這也並不影響我們上餐廳吃飯。

科技對我們來說，真的是一種恩惠，如果在冬天下雪的晚上兩點鐘，想吃麵時怎麼辦？至少我們還有速食麵。

我們認眞的去接受科技，因爲它是一種恩惠，它並不剝奪我們現有的東西。但過去對科技有誤解，以爲我們用了計算機就會剝奪我們什麼東西，實際上沒有，反而是提供更多。所以在這個新生財體系裡我們需要再訓練工程，訓練我們自己和整個社會，學會用正確健康的態度來接受新的科技。

現在，有很多年輕人都在學電腦，而大家也都以爲，「電腦那個東西」是屬於年輕人的。難道說年紀大就不能學電腦嗎？不，學電腦是不受年紀影響的，年紀大也可以學！

最近台灣很流行老先生老太太學習電腦，許多單位都在努力推廣銀髮族學習電腦的活動，我就親眼看到一位七十九歲的老先生興致勃勃在學習上電腦網路，他學沒多久就會了，因爲上網是很簡單的事。宏碁電腦董事長施振榮先生的媽媽也參加了這樣的活動，她並不是因爲有一個經營電腦事業的兒子所以她就會使用電腦，「宏碁阿媽」其實和許許多多台灣鄉下地方的老太太們一樣，都是不知道電腦是怎麼一回事，可是只要有人教，而他自己又不排斥，總是一下就會了。還有一位老太太，八十幾歲了，兒女長年在國外，唯一的消遣就是打麻將，可是老太太不方便出門，她女兒從國外回來，花了一點錢幫老太太組了一台簡單的電腦，現在老太太每天都很快樂的和電腦打麻將，玩得不亦樂乎。

科技發展的趨勢是，科技產品的使用會越來越簡單，越來越方便，比如電腦，以前用電腦，至少要學會一些基本的指令，現在在「視窗工作平台」下，你只要移動滑鼠的游標，電腦就會按照你的需要工作。我們的社會中，有些人是成長在農業社會裡的，有些是在工業社會，這些人都可以轉型成爲資訊文明裡邊的人，年紀大的人也可以經過適當的再訓練工程，而學會使用新的科技，而把新科技變成「生財工程」，因爲人是資產，人本身有知識，知識會創造財富，這就是所謂生財工程。

建立軟體（廣義）工業

我在一九九一年到中國投資電腦軟體工業時，中國還沒有什麼電腦軟體工業，當時我判斷電腦軟體工業是最適合我們中國人的工業。

當年我到上海的時候，很多讀電腦軟體科系的人甚至跑去當導遊，因爲當時沒有什麼電腦軟體工業。事實上，電腦軟體是規模很大的工業，美國現在的電腦軟體工程師有兩百多萬人，約占人口的一%，而一九九六年這百分之一的人產生的營業額是一千一百億美金，數字相當龐大。

再看看我們中國，中國現在的電腦軟體公司，包括大陸、台灣和香港在內，總共有多少人？假設，如果是百分之一的話，我們應該有一千二百萬人，如果是千分之一的話，我們應該有一百二十萬人，很遺憾的是，我們現在的人數在萬分之一之下，換句話說，我們從事電腦軟體工業的人口太少，以致在這方面落後美國很多，同時，也意謂著我們沒有能力靠電腦軟體這個產業來賺錢。當然，所謂的「軟體」並非只是電腦軟體，我講的軟體是廣義的，任何一個東西都可能是軟體，一本書、一張光碟、VCD、唱片，都是一種軟體，都是很龐大的生意，它們都是在新生財體系裡邊，能夠以知識創造財富最基本也最有代表性的產品。

第三樂章

創造台灣第二次經濟奇蹟

2500年前希臘的哲學家赫拉克力特說：
『一個人，不可能兩次踩入同一條河流。』
那是因為時間的流動，人會變成不同的人，水也流著與上次不同的水流。

創造台灣第二次經濟奇蹟

第一次經濟奇蹟，使我們由農業社會轉型到工業社會，讓我們脫離貧窮、讓我們過好日子。

展望第二次經濟奇蹟，我們要做到那些事情呢？最重要的，是做到台灣經濟獨立，創造有台灣優勢的新生財體系。

經濟獨立

有一陣子，政府一直希望產業不要到中國大陸去投資，要留在台灣，事實上，這是不合理的。

一個產業，如果到中國或東南亞去比較有競爭力的話，就要讓它去才對，何況，我們目前的狀況是，同一個產業裡已經有一些廠商過去，剩下的不讓它過去，會變成那些聽話的廠商反而比較吃虧。

我們在武俠小說或武俠電影裡，常常可看到這樣的情節，說有一個人練武功練到很高的境界，但是再也練不上去了，他必須要把全部的武功都廢除，從頭採用新的方法練，才能練到登峰造極。我想，台灣在中國的「黑洞效應」之下，也有類似的效果。也就是說，當中國把台灣經過三十年積累的傳統工業大量吸引過去，吸得七零八落時，我們台商就好像脫胎換骨一樣，找到新的契機。

面對新的時代，我們眞正要做的是，要創造出台灣自己的優勢產業，也就是說，如果某一種產業要賺錢，一定要在台灣做，才能發揮最大的優勢的話，那麼，我們就應該充分利用台灣的所有優勢，努力創造這種台灣獨特的產業，使台灣的企業能在這種產業環境下充分發展，獲得豐厚的利潤，甚至想趕都趕不走，這才是正確的做法。

要做到經濟獨立，就不能讓我們的經濟過分依賴美國、日本或中國這種情況出現。

在新的時代裡，我們要創造有台灣優勢的新生財體系，目前，這個新的契機已經出現了，那就是——資本密集、技術密集、速度密集的三密集產業。

仔細觀察目前台灣最賺錢的行業，都具備有三密集產業的特性。

資本密集

台灣三十年來累積的資金，大部分都是以現金方式存在，我們的外匯存底即使不是世界第一，我們的每人平均外匯存底，也可說是遠高過世界上任何一個國家。這樣的資本優勢，是台灣今後可以發揮的地方，事實上，有些企業已經開始運用這個特性在發揮資本密集的功能了。

技術密集

從工技院到科學園區，我們培養了許多本土的技術人才，加上從國外回流的專業人士、技術人才，台灣現在技術人才的密度非常高，技術密集之後，當然就更容易發展新的產品。

速度密集

過去發展工業時，台灣還非常窮苦，可說是不計代價、不計方法的爭取每一筆可能的生意和訂單，所以到處都是工廠，從效率的角度看，當然是速度比較快，可是這樣下去做，也造成了社會秩序和法紀都非常混亂的結果，滿街大小汽、機車互相爭先恐後，大家有路就鑽，很多老外第一次到台灣，都認爲這樣行不通，可是台灣卻在這樣的情形，創造了不少成功的例子，這是我們的優勢。

當然，現在時代不一樣了，在高科技產業的時代，我們固然要保持快速的效率，但更必須依賴合理的秩序，把我們原來缺少管理的快速提升到秩序分明的高效率境界，因爲只有這樣有條理有秩序的快速，才可能生產出優良品質的高科技產品。

能夠融合資本密集、技術密集跟速度密集這三個密集，我們就可創造出新的台灣契機。而就台灣目前的發展看來，事實上台灣也正是在這三密集產業之下，產生了新的產業。

有了三密集產業的觀念，當務之急，無非找出實際可行的辦法。

如果我們不懂得善用資源，
農田冒出的石油，
將成為農夫的厄運……

如果你繼續在台灣發展，怎麼樣發展三密集產業？

發展資本密集

這裡強調資本密集，並不是說每一家企業都要發展成資金好幾百億元的企業不可，資本密集講的是透過合作、結盟的方式，把分散在各處的資本集中起來，集中成大的資金規模，因爲在未來三密集產業的第一個要件就是資本密集。

農業時代，投資做生意講究的是自我規模（Self Scale），到了工業時代，我們進入經濟規模（Economical Scale），簡單講就是國家規模，所以在工業時代發展出來的大公司，大部分都屬於大國家，市場越大的國家，公司就越大。

台灣由農業時代轉入工業時代的時間非常短，有些人恐怕還不太能適應，過去，我們總是以家族企業爲核心，現在才慢慢有了資本市場這個觀念。

台灣轉型的情況比較好，但東南亞的華僑就不是這樣，而往往也因此受到很大的限制。

我在泰國有一個朋友開了五家餐廳都非常賺錢，我說：「你怎麼不多開幾家？」他說：「不行。我的兒子加上女婿總共只有五個。」這是農業時代的自我規模、自我限制。

也有人講，資訊時代來臨，人們又會回到小就是美的企業；事實上不然，因爲資訊時代談的是全球規模（Global Scale），因爲所有的事情都是全球溝通的。

英特爾跟微軟這兩家公司市場的總值之所以能夠超過美國三大汽車廠，靠的就是世界規模的資本密集。想想看，在這麼短的時間內崛起的公司，都能達到全球規模，在未來廿一世紀的世界裡，要有競爭力，就需要更多的資本密集，因爲面臨的，正是全球規模。所以，無論是互相投資或是採合作、加盟方式，總之，一定要達到全球規模的資本密集，才可能在企業的規模上和別人競爭。

發展技術密集

接著談技術密集怎麼發展？什麼叫做技術？

先將技術做個定義：「技術」等於「知識」加上「實現方法」。

技術＝知識＋實現方法

今天做一台個人電腦（PC）是非常簡單的，甚至有人講，你可以自行在家中的車庫組裝自己的電腦（You can make your own PC in your garage.），但是今天要做一個木桶，我想很多人不會做。以實現方法來講，木桶並不比PC容易做，我們說PC是高科技，它之所以有比較高的價值，是因爲它知識含量比較大。

進一步再探討，什麼叫知識？

「知識」在今天的定義是「資訊」加上「思考」。有新的知識大量進來，然後有一群人在思考就產生知識。

知識＝資訊＋思考

要發展技術密集產業，第一要挑知識含量高的產業，第二要有所謂四大技術的人才隊。

任何一種產業都有四種技術：開發（將產品開發出來）、複製（大量生產）、管理（管理整個系統的運作）、交換（買賣）。任何產業都牽涉到這四大技術，所以知識含量愈高，這四種產業技術就更能創造高的價值。

這四大技術人才隊當然我們不一定要自己發展，但我們可以從別的公司借助其專長才，同時，在觀察別的公司是否技術密集時，這也是一個觀察的重點。

技術密集產業

技術密集的產業是台灣未來應該全力發展的重點產業，以目前的情況分析，至少有三種產業是特別值得我們注意的。

【半導體工業及相關產業】

第一個值得注意的，就是半導體工業及其相關產業。半導體工業是一個非常標準的，由政府主導形成的工業。

七〇年代後期，台灣開始有IC（積體電路）實驗工廠，由一些歸國的學人跟政府慘澹經營了十年，到了八〇年代後期吸收了大量的資金，半導體工業就是需要資金的行業，到九〇年代變成台灣目前最具潛力、人才最多的行業。

一九九五年，台灣外銷順差八十一億裡面，有二十幾億是由台灣前五大半導體工廠所創造，由此我們可以了解這個正好符合我們所講的資本密集、技術密集及速度密集的半導體產業，對台灣的貢獻是多麼巨大。

【PC（個人電腦）、主機板、電腦週邊工業及相關產業】

以宏碁為龍頭的PC產業、主機板、電腦週邊工業及其相關產業，在一九九六年創造了二百七十億美金的營業額。大家都知道這是台灣的明星產業，它完全符合所謂三密集產業的條件。

【筆記型電腦及相關產業】

最近三年來異軍突起的筆記型電腦及相關產業，更是具備三密集的特性。發揮日本、中國人最擅長的輕薄短小的特性，再加上過去電腦業的基礎，一九九六年外銷金額達六十億美元，是我們單項外銷第一名。而且它是所有電子產品中單價最高的，今天兩部筆記型電腦的價錢，已經接近一部汽車的價錢。

這是目前我們可以舉出來的三個具三密集特性的產業，以我們國內企業家的創業精神，我想會陸續發現台灣的新產業。

發展速度密集

速度密集，也就是我們常常強調的「企業加速」。

企業怎麼加速？今天開一輛汽車，我們知道怎麼加速，但是一個企業要如何才能變成快速企業，這是非常值得探討的問題。

企業加速，整個企業要加速。速度密集，並不只是要完全的衝刺，而是要有組織、有系統的把整個企業的速度加快。這是一個比較大的題目，我們把它列爲專章討論。

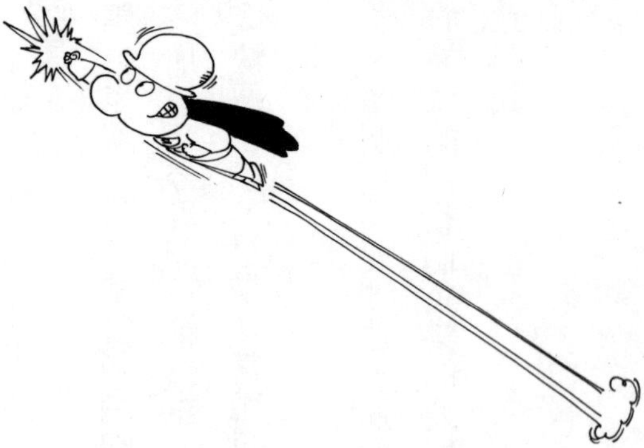

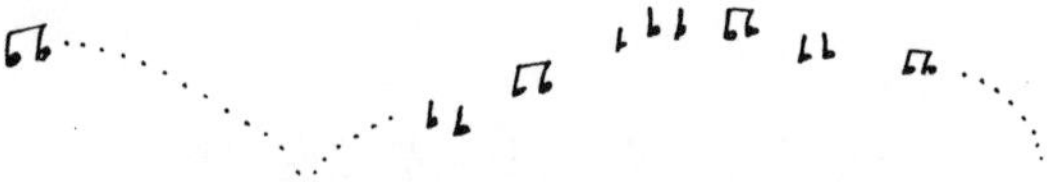

第四樂章

企業加速

時間在現代高科技產業裡，已為最重要成本，不論是否從事新科技，將企業變成高速企業皆為當務之急。具備決策加速、新產品加速、資訊流加速、物流加速、變現加速等條件，就是企業加速。

企業加速

傳統上我們將工業分成重工業和輕工業。重工業的投資比較大，產出的產品比較笨重；輕工業投資比較小，做出來的產品比較輕薄短小。後來這個分法已經不被重視，因爲像半導體的產品雖然輕薄短小，但它的投資比鋼鐵工業還要大，於是我們將工業分成高科技、低科技工業兩種。高科技工業指的是知識含量大、複雜的，低科技指的是知識含量少的。但是後來這種分法又有點問題，像486個人電腦，幾年前它是高科技產品，但在今天，486個人電腦雖然跟很多電子產品來比，都還是很高科技的，但就個人電腦而言，已經是落伍、沒有人要的機種了，現在大家要的是奔騰二代（Pentium II），所以這種分法現在又被另一種新的分法取代，就是高速工業、低速工業。

一台個人電腦在一月份的售價，可能是在當年十二月份賣的兩倍價錢，也就是在年初二千美元的售價，到年底降到一千美元。

任何一家大規模的電腦公司，包括IBM、Compaq在內，如果有一年進的貨賣不出去，就會倒閉，因爲到年底的損失可能高達五〇%，而高科技產業一年的利潤不過五%，一年賣不出東西的影響可想而知。

在這樣的產業裡，任何人都是在跟時間競爭。時間在現代高科技產業裡，已經是最重要的成本，怎樣讓你的企業趕上這個步調，就是下面要討論的高速企業的五大加速。

今天不管你是不是從事新科技，都要將你的企業變成高速企業，因爲這樣才能生存得好。

企業的加速，分五部份：

1、決策加速

今天開車在一般的路上跑，錯過一個出口，還可以倒車；在高速公路上，錯過一個出口，可能要再跑幾十公里才能回到原地。在今天高速變化的社會裡，高速企業第一個要做到的就是決策要加速。你要及早知道你的公司必須在什麼地方、那一個路口轉彎。

要做到決策加速，有幾個要點：

a. 少數決策

如何加速？第一個要做到的就是少數決策。

西方有一句話說：「駱駝是由委員會所設計出來的賽馬。」

本來要設計出可以參加比賽的馬，太多人七嘴八舌參與意見，結果就變成駱駝。因此讓參與決策的人越少越好。

b. 根據資訊

我們從一九七〇年十美元的收入，到今天一百倍的薪水，無論收入與消費都和以前貧窮而節省的年代大不相同，已經很難再根據以前的經驗做決策。這不是說以前的經驗已經不值錢，但更重要的是要根據新資訊去判斷情況。

c. 隨時決策

講到決策，大家很容易想像成是一堆人西裝筆挺，坐在馬蹄形的辦公室裡面開會討論、做決定。但事實上不然，歷史上很多偉大的決策，其實都是在簡單的談話中決定的，今天的決策者是要到處決策，可能在走廊上、電話上、旅館裡，在最適當的時刻做決定，而不是在講究派頭的地方。

d. 隨時改變

第四個加速的方法，就是隨時改變。以前我們常常聽到「不要朝令夕改」的說法，因而認為決策是不可以輕易改變的，但大家要了解，這種說法的背景，是在資訊流動非常緩慢的農業社會，由於訊息傳佈不易，所以做一個決策之後，即使發現有錯，也不容易更改，所以說不要朝令夕改，以免增加人民的困擾。

但在今天快速的時代裡，一發現不對，不只要朝令夕改，有必要的話，朝令朝改也是正常的，早上九點鐘做的決定，十點鐘有新的資訊進來，就要改，決策不怕修改，怕的是有錯誤而不改。

2、新產品加速

現在，光是東亞地區就有二十億人在努力生產，因此，做出來的產品如果跟別人一樣，不但賺不到錢，還會虧錢。

最近，日本的策略學家大前研一，提出一個新的概念「創新不然就損失」

（Innovate or Loss）。企業只有兩個選擇，創造或是損失，不創造而要保持平盤，這是不可能的，這是今天企業競爭的概念。企業必須要不斷有新產品出來，因爲有新產品，才會使市場進入不飽和的狀態，在一個供過於求（Over Supply）的世界局勢裡面，只有開發新產品，才能讓你的企業進入市場不飽和狀態。

那如何開發新產品？如何加速？方法大概有下列幾種

a. 及時創意 TTI（Time to Idea）

我們常常看到這樣的情況，老闆們想出了一個創意（Idea），就整天逼著員工加班，

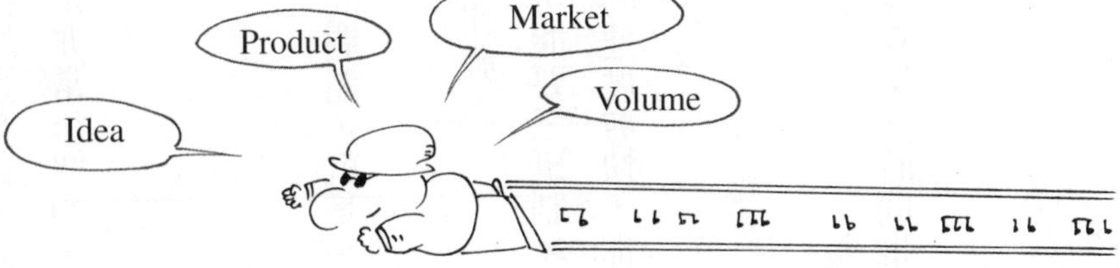

最後終於趕出來了，卻因爲小小的延遲而大發脾氣。這樣的企業負責人，有沒有想過，也許這個創意兩個月前就應該提出來了。這是非常重要的，你的創意提出的時間，能比別人早，第一步你就領先。

b. 及時開發產品TTP（Time to Product）

創意出來後，就面臨及時開發產品（Time to Product）的問題，就是「從創意到做出原型機」這一段時間的掌握。

過去，靠的是不斷的加班，未來則是同步開發、接力開發。

今天很多工廠有三班制，未來我們工程師的開發也可能要三班制才能充分利用二十四小時，因爲所有的事情都牽涉到時間，你的速度愈快，你就比別人領先。

c. 及時上市TTM（Time to Market）

產品的原型機出來後，就應該整合所有資源，讓它能在第一時間批貨到市場去。

d. 及時量產量銷TTV（Time to Volume）

今天做出一個新產品，也許創意領先，但可能開發慢，也許開發還可以，但是進入市場慢，也許，你一路領先，是最早進入市場的，但這還不能保證你就一定能賺錢，因爲可能你不能大量供貨。不能供貨，錢還是賺不到，要四件事情同時做到時，新產品加速才發生意義。

3、資訊流加速

在一個組織裡，資訊如何加速？過去，一個言論不自由的國家，出版一本書，光審核就要一年，等到新書到市場上，可能已經是沒有人要買的書了；在一九八〇年後才崛起的世界大型公司新聞電視台CNN，要求每一位記者，必須在新聞事件發生、被採訪到後，要在十分鐘內呈現在觀眾的眼前，比起以往，我們要等到晚上看電視新聞才知道白天發生的事，資訊明顯快速許多，這就是資訊流加速。

一個企業，如何將它的資訊加速呢？

a. 使用電腦

今天如果有人問我從高雄到台北，有什麼方法比較快，我會說飛機最快，至少是坐火車，或用汽車以時速一百二十公里跑到台北去，但如果這個人，他堅持騎腳踏車去，那我就愛莫能助了。

今天不使用電腦，而想要把企業資訊流加速的公司也是如此。

今天沒有使用電腦的人，他不曉得在使用電腦的競爭者面前是處於多大的劣勢。

而一個企業有沒有使用電腦的關鍵，並不是這個企業有沒有電腦中心、有沒有用電腦，而是身爲企業主的董事長、總經理有沒有在使用電腦？這是決定企業電腦化的關鍵。

如果老闆不使用電腦，那他怎麼可能了解電腦的威力和功能呢？

b. 使用通訊設備

以前打電話到一個公司，老闆出國或是營業員出差，事情就好像不能辦了，而這種時代已經過去了。

今天每一個人只要充分的使用通訊設備，用電子郵件(E-mail)、大哥大、呼叫器(pager)，企業中的任何人，在任何時候、地方都可被找到，所要聯絡推動的事情就不會耽誤，不然資訊流就會中斷無法加速。

c. 資訊自由流通

一個企業的資訊要全面開放，讓組織裡面的人都知道所有事情，除了必須保密的部分，其他的應該全部開放。企業要如何做到資訊開放呢？最有效的方法就是「同步報告」。

d. 同步報告

過去一個企業的報告系統，是課員報告給課長，課長過濾一下，再報告給經理，經理再報告給副總，到總經理時，資料已經很少了，這也許是基於好意，或是其他考量，但無論如何，其結果是總經理知道的最少，而董事長可能是「什麼都不知道」。

這種傳統的報告系統所造成的結果，是越上面的人知道的越少。這對現在結構龐大的企業來說，是很可怕的事，對企業最有影響力的人對公司的了解反而越少，在管理上當然是很大的漏洞。

六年前，我們提出「同步報告」的概念，主張所有的報告要同時給所有的同事知道。當一個課員做報告給課長時，他同時把報告經過電腦電子郵件複製備份(e-mail copy)給經理、副總、總經理、董事長，每個人都這樣做的話，越上面的人資訊越多。

我們過去的作法是，包括警衛，他巡視檢查安全的報告，都要報告到董事長，所以董事長每天都收到幾千封報告。

這樣會不會產生資訊過大的負荷量?根據我的經驗是不會。因爲這個企業經過同步報告後，它會自己自行解決（self-resolve），所有事情公開後，沒有人會欺負任何人，大家士氣很好，內部一有什麼問題，它大都會自己解決，管理者相對來說，就可以減少許多煩惱。這是我們提出來的概念，資訊流要加速，就要使用電腦、通訊設備，讓組織裡的資訊自由流通，而同步報告是讓組織裡的死角消失的最有效的方法，能讓資訊完全加速。

記得有一年冬天，我們上海一個職員在公司澡堂洗澡，忽然沒熱水了，他就發E-MAIL向他的主管抱怨，同時E-MAIL給台北所有的主管包括總經理及董事長室。當時我們上海的管理部經理就覺得很沒面子，建議以後這類小事是否控制一下，報告到某個層級就好了，我們沒有指責這位經理，但我們都不同意控制企業任何人表達他的意見。何況在零度左右的冬天，滿身都是肥皂，熱水忽然停了，對他本人來說並不是小事。

這幾年來，同步報告系統使我們公司內部資訊流快速提高，同時對整體員工的士氣、中層幹部的處事能力及公司上下的溝通融合，都有很大的幫助。

4、物流加速

前面提到，年初進貨到年底還賣不掉的電腦公司，到年底就會倒閉，所以如何讓物流能夠很快流出去，是現代企業非常重要的課題。有幾個實際可行的辦法讓我們達到這個目的。

a. 資訊代替庫存

日本有名的企業豐田，曾經提出「零庫存」概念。台灣很多廠商也想效法，但很多人誤會了它的意思，以爲所謂零庫存，就是不要進貨，要等到需要的時候再進來。這樣的結果，造成了那些容易被欺負的小廠，只好乖乖的把貨放在自己的工廠裡，而那些賣引擎的大廠不吃你這一套，貨照樣賣給你，這樣的結果常常變成你買進一些很貴的主要零件，而卻花時間在等那些次要的零件。正確的作法是要不斷的追蹤，用資訊管理庫存，機動進貨。

前面提到的電話外送披薩服務，就是一個很好的利用新科技改進物流的方法，其實各行各業也都可以找到它們最好的方法。這是標準的以資訊代替庫存的例子。人家賣披薩（pizza）這麼廉價的東西都如此做，今天如果我們企業主要零件的跟催不是用資訊代替庫存，那你就沒有辦法加速物流。

b. 信用代替庫存

由於現在的環境遠比過去複雜，因此，今天的廠商不要以爲貨款都按時支付了，就是信用良好。

在資訊社會的企業，如果沒有提供你的上、下流廠商足夠、正確的資訊，你的信用就不夠好，很可能動不動忽然間就沒有訂單。

市場是千變萬化的，沒有人可以保證，包括世界最大的IBM、Compaq這些公司，都沒有辦法保證可以給你多少訂單，但是保持即時的資訊，告訴你的上下游，訂單要增加了，或是有其他情況，要讓他們有時間準備，這才是及格的信用。

用信用代替庫存，不要彼此互相猜疑，不會產生我怕你不交，所以訂了一大堆貨，最後卻因爲彼此互信不足，可能大家都堆了一大堆庫存，造成彼此損失。

用信用代替有形的庫存是最好的方法。這樣流入企業的庫存會很少，而流進來的庫存也可以很快的流出去。

c. 品質vs.物流

今天買東西不能只談價錢，要知道，不好的品質是物流的殺手。

大家可能有這樣的經驗，你買了一個便宜的零件，它卻在最後的關頭出了問題，所有的工作、生產流程以及九九%的零件都放在那裡，等著它來，嚴重的時候，一個品質不好的零件還可能造成公司倒閉。

永遠要記得，品質是物流的殺手。

今天做出好品質已不是成本的問題，而是不做好品質的公司，它就沒有成本的問題，因爲它不會存在了，市場上沒有他生存的餘地，品質是物流很重要的關鍵。

d. 零交期時代

我曾經寫過一篇文章「零交期時代」（見附錄），其中我談到一個企業最大的損失，就是做的產品賣不出去。

因爲賣不出去，就會扭曲決策，最後會讓公司最好的推銷員去賣最賣不出去的產品，這當然是一種很大的浪費。

所以最好的概念是零交期。就是說，從主要零件，到成品，一直到批發商，都要有完整而快速的最新資訊，我們一有批發商的資料，知道他賣出十台，生產線上主要零件就投入十台，如果做成這樣的零交期，像自來水廠送水，一開就有水，關起來它就不送，在整個生產到銷售的過程中，都可以減少許多浪費。

以前賣電腦，都是廠商做好了成品，陳列在商店裡，等待顧客來挑選，後來美國有人想出「先訂貨後製造」的新的賣電腦的方法，不但自己賺了很多錢，甚至引起電腦產業一次不小的產銷革命。

5、變現加速

a. 現金是經營的最後結果

企業本身就是一個生財體系，任何一個企業最初投入的基本原料是現金，那麼它的產出也應該是現金，因此由輸入與產出的現金之比，來評斷企業的效率是比較實在的方法。

最近有很多企業變質，玩金錢、股票和財務報表的遊戲，這都已經失去企業變現的本質。企業必須要變現，因爲它投入是現金，它最後的產出也應該是現金，現金是經營的做後成果。企業的變現率最少要跟它的獲利率等量齊觀。

b. 現金庫存

要有現金庫存，過去講這個概念時，有人說你有現金庫存，不是爛頭寸嗎？我常開玩笑講，爛頭寸比沒有頭寸好，最近東亞金融風暴後，大家就知道厲害了，那些沒有現金庫存的國家通通垮下去了。

要隨時注意，你的現金庫存比你的物料庫存重要得多，這是一個沒有現金就不能生存的時代，從這次東亞金融風暴大家已經都看到了許許多多慘痛的例子。

「時間」在高速變化的時代裡，是愈來愈重要的資源。可口可樂的總裁曾說過：「我們最大的競爭對手，不是百事可樂，是時間。」INTEL的高層主管，喜歡把「時間是金錢」這句話改成「時間是金錢的平方」。

每次感受到時間對今日企業的重要性，我就會聯想到從前看過的西部片中的一幕，在西部的草原上，主角約翰．韋恩將仍冒著煙的手槍，插入槍套中，看著躺在地上的對手，語意深長地說：「這就是慢的代價」。

第五樂章

工業移植

產業要外移，最佳方式就是工業移植，工業移植就好像森林裡的樹，當它的生存環境不適合這棵樹時，移植就要發生了……

工業移植

產業升級就是要升級到資本密集、技術密集、速度密集。要達到速度密集，就是企業五大加速。而在台灣近幾年的發展中，有許多產業無法升級到三密集產業，必須外移，若我們產業要外移，最好的方式就是工業移植，問題是，如何將一個工業移植到另一個國家呢？移植的時候，要注意那些問題？

1. 分割製程

在海外投資，最常見的日本人的專長，就是分割製程。

分割製程就是將製程一部分放國內，一部分放國外。過去有一陣子，我們在做產業外移的時候，政府就高喊「根留台灣」，當時王永慶先生要到海滄投資，他搞不清楚什麼叫根留台灣，他說：「我以後到海滄賺錢，把錢匯回台灣，這樣算不算根留台灣？」

事實上許多企業家都搞不清楚什麼叫「根」，後來我對這個問題做了些研究，發現政治家跟企業家的「根性」有很大的差別。

政治家基本上比較有植物的根性，一個人在高雄選立委，一定要高雄的市民支持他，而企業家像動物，跑來跑去，是靠競爭力生存。

我常舉一個例子，就像我們公司在台北士林區，如果士林區的全民都擁戴一個議員或立法委員，那麼他可以當選，如果我們公司在士林區得到全民擁戴，但是沒有訂單，還是會倒閉。所以當有植物根性的政治家向有動物特性的企業家喊話時，基本上大家是聽不懂的。

後來，有些學者告訴我們，要將研究與開發（R&D）留在台灣，把生產拿到東南亞、大陸。乍聽起來，好像是不錯的想法，但是認眞一想，實際上卻有很多問題。

每個企業都有它的競爭力所在，有的企業是它的R&D強，有的是行銷強，有的製造強，台灣這些必須要外移的產業，基本是都是R&D比較弱，都是靠低成本競爭。

把比較有競爭力的生產移到東南亞，把比較差的留在台灣，再造成兩邊整合的問題，基本上也是行不通的。

因此，企業外移要用分割製程並不是最好的方法。

2. 買賣技術

過去也有人用買賣技術來作海外投資，有人做過，但並沒有成功。主要的原因，是在於技術並非一桶水，我賣給你一桶水，你就有水喝了，而技術是一源源不斷的流水，你沒有辦法賣給人家一條溪流，所以這也是行不通的。

3. 工業移植

最近，有人提出一個新的概念，就是「工業移植」。這個理論就像森林裡的樹，當森林的環境，它的土壤、氣候、陽光有所變化時，有些樹不適存於這個森林，就必須移植。

同樣的，當一個國家的整體經濟結構從工資由十美元漲到一千美元，國民所得從四百美元漲到一萬五、六千美元，社會環境、價值觀都變了，有些產業它已經不適合，必須將它移植出去了，這是我們工業需要移植的基本原因。

問題是，如何做？

a. 判斷與選擇

首先，先確定這個行業在台灣已經不能做了，要移到國外去。要判斷跟選擇，企業主一定要御駕親征，到想要移植去的那個地方探訪考察，而且要經過正確的資訊收集和研判，不要到那邊光是交際應酬，而在酒酣耳熱一時行動之下就拍板決定，這是非常危險、不正確的作法。

b. 配對

配對就是尋找最適合我們做的地區跟合作對象。

這是一個很重要的關鍵——一定要從企業本身的業務和特性去考慮、著手。過去，我們很多中小企業在國內靠工廠賺錢了，發現土地增值也很快，所以對土地的投資也相當迷信，到國外投資的時候，免不了這個在國內養成的習慣，看哪個地區的地便宜，地段好，就馬上做決定投資。

過去在台灣土地資源非常稀少，不容易買到好的地段，一到東南亞跟大陸，很容易一看到地就都很喜歡，就做了投資的決定，這是不對的。東南亞與大陸的土地資源大多比台灣大得多，土地的選擇不是絕對的條件。

產業外移是要根據企業的本質去配對，配到你最適合的地區與合作對象。

c. 執行

產業外移要上、中、下游一起整合。

上、中、下游如果不一起整合，立刻會出現問題。

比如說，要將裝配羽毛球拍的工廠移植到中國某個地方，要確定上、中、下游有沒有跟你一起行動，如果說你裝配羽毛球拍的工廠已經過去了，可是材料都在台灣或是東南亞，這樣就馬上會發生只是省了工資，其他成本都提高的現象。

技術移轉人才

產業外移不是企業過去了就可以，還要選擇適當能移轉技術的人才到那個國家去。

過去到海外投資往往沒有計劃，最後派不出人來，人才的問題要事先解決，要幫他們考慮到住、吃、買、玩等等方面的需求，住能不能住得舒服、安全；吃會不會習慣；買不買得到你要的東西，以及有沒有地方去玩，有沒有娛樂等等。因爲你的人才過去了以後，接著他的家庭要跟去，有沒有逛街、洗頭、小孩讀書的地方就變得很重要了，不要以爲這是小事情，生活上的無法適應，經常是派駐海外人員整天吵著要回來的關鍵。

過去沒有充分準備，結果只能派駐一些單身、離婚或是跟太太感情不好的去，勉強解決一時的狀況，但這不是技術轉移的完整方案，這些人由於生活重心，沒有辦法長時間專心工作的推展，最後會變成烏合之眾，而造成計畫的失敗。

本土人才培養

產業外移，許多時候是因爲目的國的工資便宜，許多台商因爲覺得自己有錢，難免氣燄囂張，把當地人當奴隸看待，這是非常要不得的觀念和做法。

我常講，貧窮不等於笨蛋，像在中國大陸，一個人的貧窮是社會制度造成的，他窮，並不表示他笨，或者他能力不好，事實上，人才到處都有，只是看你要不要培養和尊重，而唯有重視本地人才的培養，這樣才能夠在那邊生根。

互信

工業移植還有一個非常重要的關鍵，就是要互信。

現在到大陸或東南亞國家尋找投資的產業或地點，會發現到處都有人在「拉客」，常會有人告訴你這個土地很好，但是已有人訂了，要你趕快決定等等，我每次碰到這種情形，都跟對方說，那你先給對方好了，因爲他們的目的很明顯，他們只是要賺你的錢，而不是眞正要幫你尋找最好的投資。

千萬不要受制於這種明顯的只是要把你口袋裡的錢挖出來的促銷。我們做的是長期的投資，要非常愼重的與對方建立互信的關係，而且要有契約，在台灣也許大家感情很好，互相之間比較沒什麼欺騙的事情發生，但是到國外一定要有合理的契約，才能有所保障。

長期投資

工業移植是需要長期投資的。因此一定要確定你的產業已經在台灣沒有辦法生存，非得必須移到國外不可，這樣才不會移出去後再移回來。

一旦決定外移，就要有長期投資的打算，這樣你才會花更多的時間跟當地的政府、企業、員工溝通了解，彼此產生長期的信賴關係，也只有這樣子，產業外移的工業移植才比較有成功的機會。

第六樂章

第二次經濟奇蹟的要件

台灣要有第二次經濟奇蹟，企業要努力，要轉型、轉向，轉到三密集產業，或作它的週邊工業、作它的協力廠，或是投資它。

第二次經濟奇蹟的要件

第二次經濟奇蹟成功的要件應該要算是企業的努力。日本的策略學家大前研一曾說過：「企業是創造價值的，國家是分配價值的。」他的這句話有一個先決條件，就是這些企業已經成長了。

我們在第一次經濟奇蹟的時候，如果沒有政府主導，根本沒有太多成功的機會，現在我們的企業已經有一定的規模了，在第二次經濟奇蹟開始的現在，我們的企業要站在打擊手的位置，主動出擊，而第一個要做的是企業的轉型和轉向。

今天在中國大陸開一個廠的成本是台灣的十分之一，從警衛到廠長的薪水都是台灣的十分之一。今天留在台灣的產業，如果還墨守成規的想如何降低成本、提高自動化、改善效率等等，這些都是意義不大的事情。

眞正能解決問題的方法，是企業要轉型和轉向，轉到三密集產業，或作它的週邊工業、作它的協力廠，或是投資它，這才是一些可行的方法。

擴大資金

其次是要擴大資金。工業社會所需要的資金比農業社會大，在資訊社會裡，雖然是以知識創造財富，但一個企業所需要的資金，往往要比在工業社會還要大，今天一條半導體生產線的投資是二百五十億台幣，等於是蓋一個鋼鐵廠的投資，所以在資訊社會，資金的擴大是絕對必要的。

吸收人才

企業要達到技術密集、創意密集的目標，需要各種人才的努力和合作，因此吸收人才是企業改變體質的重要方法。不過吸收人才不是挖角或重金禮聘這麼簡單的事情，更重要的是要怎麼樣讓人才有權力、有發展的舞台，這樣他的能力才能得到發揮，企業才能眞正受益。

亞洲腹地

近年來台灣企業很喜歡談國際化，事實上，台灣的許多廠商沒有辦法一步踏出就達到國際化，國際化要先從鄰居開始，至少要把亞洲作爲腹地。

第一次經濟奇蹟的時候，完全以台灣爲腹地，向世界銷售產品。現在我們的能力比較強了，要以亞洲爲腹地，盡量集合並利用亞洲的資源、零件、人才，這樣我們企業的規模和視野，以及創造力才能得到快速的提升。

中國的市場

中國大陸在一九七六年文化大革命結束後，鄧小平出來主持改革開放，到八〇年代後期，已經有相當穩定的經濟基礎。

在一九九〇年我們開放赴大陸投資以後，很多台商陸續到中國去投資，當時是有不得不開放的原因。

因爲事實上，還沒開放之前，已經有一些人去投資了，台商動作都非常快，在政府還沒有准以前，一九八〇年底已經非常多的台商去了，去了以後，台商馬上發現中國是最理想的投資地點，大家互相走報消息，於是有更多的人去大陸投資。

大家要了解一點，過去台商大部分是白手起家、或是黑手起家，叫這些廠商到像加勒比海的地方投資，管理外國人，基本上有困難的，我們並沒有很好能管外國人的英文程度和管理系統。

而到中國投資，語言文化都沒有太大的差別，就跟到中南部投資差不多，只要引用以前在台灣用的那一套就可進行。

就這樣，中國變成台商最好的投資地點，因此很快的在五年內，大量廠商過去，到最近，已經超過三萬家的台商到中國大陸投資。

到大陸投資確實有它方便的地方，所以過去的幾年裡，不管我們對中國有多少投資風險的評語與分析，但中國就像一個黑洞，還是繼續把台商大量的吸去。

而如何好好運用到大陸投資這個策略，也是發展第二次經濟奇蹟的要件。

青年創業

台灣現在有一個特殊的現象，就是中老年人在創業，而以年輕人爲市場。

所以很多KTV、保齡球館等，主要的消費者都是年輕人，剛好跟第一次經濟奇蹟時候相反，我們要趕快將情勢逆轉過來。

已經有成就的人，基本上應該扮演投資人或消費者的角色，來多鼓勵年輕人去創業。不要以爲年輕人他們不行，二、三十年前，我們也是年輕人，人家也認爲我們不行，但我們還是創造了經濟奇蹟。

我有一個朋友，五、六十歲了，還天天加班，我跟他說：「你不要做了，你那麼有錢，應該讓年輕人去做。」他說：「不行，我兒子還在念大學。」

我想，這不是完全正確的觀念，現在已經不是農業世襲的時代，不一定什麼都要傳給兒女，你可以把財富、房地產、股票之類的留給兒女，但是，企業是社會的公器，應該是有德者、有能者居之。

怎麼樣選擇自己企業中優秀的年輕人接棒、授與權力，甚至將來使企業變成他的事業，是非常非常重要的事，我們都要有這樣的觀念和度量，才能邁向更高峰的經濟奇蹟。

政府的助力

最後是我們政府的助力，在第二次經濟奇蹟成功的要件裡，政府的助力也是不可或缺的。

台灣的廠商並沒有能力自己創造經濟奇蹟，就像第一次經濟奇蹟，是由政府跟民間一起創立的，第二次經濟奇蹟，同樣也必須要由台灣的企業跟政府同心協力來創造。

以下是我們對政府助力的期望：

【台灣矽谷（台北—新竹）】

第一就是建立台灣的矽谷，目前台北到新竹之間已經有相當多的高科技公司，但是缺乏有系統的規劃，至少，我們台北跟新竹之間，沒有捷運，也沒有高速網路，這對高科技產業來說，是相當落後的，政府應該規劃整個大環境的硬體，使業者更容易生存發展。

過去，我們主張要把台灣建立成科技島，我也贊成這個說法，但是所謂的科技島只是一個概念，眞正的建設，尤其是產業的建設，卻一定要有密集的優勢，像美國這樣龐大的國家，也只能將它的高科技工業集中在矽谷一個

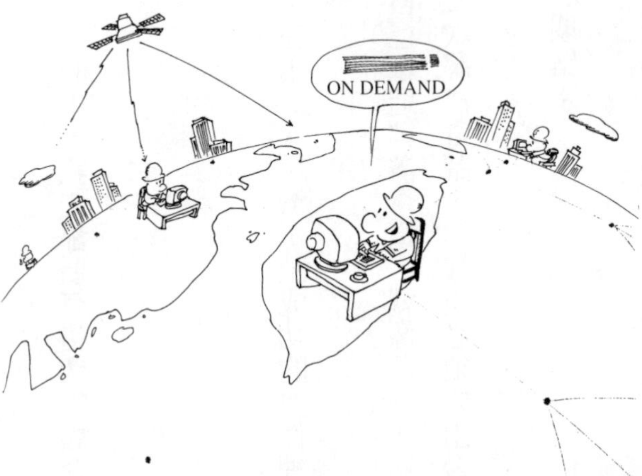

區域裡，產業密集，有助於各種資源的流通、交換與共享。

所以我們要明白，科技島指的是台灣整體經濟發展的方向，但產業的規畫仍然要集中起來，這樣才不會浪費許多資源和時間在交通上。

【高速網路（on receipt→on demand）】

高速網路基本上就是一個國家資訊社會跟工業社會的分水嶺，如同過去我們講農業社會跟工業社會的分水嶺，是有沒有公路網、鐵道網的建設。

網路已經不是新鮮的名詞或是新的科技，網路是一種人類全新吸收資訊的方法。

目前我們吸收資訊的方法，都是接收型（on receipt），早上起來報紙送到，打開電視節目播出，走在街上，看到的都是人家要讓我們看到的東西，一個消費者，他想看的資訊不見得看得見，而網路就是把許多資料放在不同的伺服機裡，再用電話線連結起來，消費者可以按照自己想要看的資訊主動選取，這就是主動選取（on demand）的系統。

這不是一個新的科技或新的流行而已，它是一個接收型（on receipt）的資訊時代變成一個雙向接收跟需求型（on demand）的情況。其中的差別，在於主動接收資訊的方式是屬於有系統的知識累積，而不是被動的資訊接收，這對於整個社會的資訊整合而言，會有很大的幫助。

【整合PC（個人電腦）和IC（積體電路）】

PC工業和IC工業，可以說是台灣最具有「未來性」產業，而且已經有很好基礎，只要再加以整合，便很容易創造出更多財富和工作機會。

事實上，台灣對PC和IC工業所投入的人才與資金，以及這兩個產業所帶來的利潤，已經大到影響國民生計了。然而，目前台灣的PC工業主要還是以進口主要零件和技術，爲國際大廠代工的中下游產業爲主，IC工業也是以晶圓代工這個利基爲主，固然我們在這方面的成績已經相當可觀，但比起那些大廠商的利益來說，我們分到的，用比較通俗的比喻，只是「別人吃肉我們喝湯」而已。

今後台灣要成爲世界電腦重鎮，PC工業與IC工業的緊密結合，是相當重要的關鍵。因爲這兩個高科技產業的結合，可以使台灣在電腦的「完整生產線」上，取得更自主的地位，這樣一來，台灣在全世界電腦市場的影響力，與利用PC和IC創造財富的能力，都必然產生巨大的加乘效果。

【發展超級電腦】

電腦產業既然是創造台灣第二次經濟的主要力量，政府在電腦產業上的眼光就要更先進、更尖端。

目前，台灣的電腦業者已具有世界一流的一般電腦製造和設計技術，但對政府來說，這是不夠的，政府應該有眼光有計畫的把台灣電腦產業的發展，帶向一個更高更遠的境界。而發展超級電腦，將使這個目標有效的達成。

目前台灣研究單位在電腦方面的努力，方向和民間業者沒有太大的差別，意義不大。而政府發展超級電腦的意義至少兩點：一、建立國家形象；

二、帶動高科技技術。

建立形象本來就是國家應該做的事，台灣已經有很先進的電腦「生產」技術，但在國際形象上，卻一直沒有辦法擺脫「代工」的形象，發展超級電腦，會使台灣的電腦科技成爲世界矚目的焦點，政府應該不計一切代價，集合可以調動的資源與人才，全力開發全世界速度最快、最進步的超級電腦。

事實上，發展超級電腦這樣的計畫，也不過就是數億美金的預算而已，台灣目前分散在各個單位、各個計畫的費用，也差不多是這個數目。發展超級電腦，事實上並不會增加政府的負擔。

在電腦業界，發展超級電腦這樣的計畫，其實像IBM、Intel這樣的大廠就可以獨立完成，他們也經常因爲發展超級電腦的成果而受到全世界的注意，而台灣整體的實力比起這些電腦公司又大太多了，發展超級電腦實在是我們能力範圍裡面可以完成的事。

台灣一旦開始發展超級電腦，對台灣和全世界電腦業界而言，都是意謂著台灣在「發展未來」，未來的主導權也許不必然是我們可以主控，但至少我們不應該「主動的缺席」。

再訓練是企業與個人提升能力的重要方法，有許多企業本身很努力的推廣員工的在職訓練，但這是不夠的，有一些屬於社會轉型的事，需要政府出面來執行再訓練的工作。

這一點，中小企業處的黎昌意處長已經在做一部分了，但層次應該擴充到更大的層面。

【再訓練工程】

今天我們很多企業移到大陸去了，那些原來做鞋子、雨傘的工人，沒有辦法馬上到半導體或電腦公司去做事，對他們來說，是立即的失去工作，而對社會來說，也是生產力的閒置與浪費，所以社會的再訓練工程，顯然是政府在經濟轉型，從工業經濟要轉型到資訊經濟的時候，一個非常重要的課題。我們的政府及早規畫，配合時代的變遷，做好各種再訓練的計畫和推廣，不要像日本一樣，最後才發現這是一個大問題。

【國際主題與知識引進】

過去政府扮演的角色是引進資金，現在是以知識創造財富的時代，政府扮演的角色，就應該轉爲引進知識的角色。尤其是要緊跟國際主題，及時接收國際知識。

現在是一個地球村的社會，當國外在談國際環保標準（ISO 14000）、智權保護時，台灣不要逆著潮流走，要順應潮流，否則你沒辦法做國際性的生意，不要認爲這不符合我們國情，自絕於國際社會，是不對的，不管企業或政府，都要具備國際性的性格和視野。

【智權會】

現在是一個非常重視智慧財產的時代，尤其當我們要用知識創造財富的時候，對智慧財產更不能不重視，因此，我主張政府應該有一個專職單位來管理智慧財產的事情，我的構想是成立「智權會」。爲什麼叫智權會，就是希望它跟資策會等量齊觀。

智慧財產權在未來的密集產業，會越來越重要，如果這個部分不解決，我們會越陷越深，有一天，當我們的公司越來越大，越來越有利可圖時，那些擁有智權的外國公司，就會過來要求我們支付他們所擁有的智慧權，企業越大對方要求的就越多。而一旦侵犯對方智慧財產的時候，其損失是非常非常慘重的。

所以現在我們重視智權的情況，要像當年我們重視資策會一樣等量齊觀，如何幫助廠商防止它去侵犯別人的智權，或是已經碰到問題的，怎麼樣幫它解決法律的問題，還有對它的創意的保護，如何智權化等等，這些都是智權會，這個政府可能的未來組織應該做的工作。

【科技外交】

對一個像台灣這樣的國家來說，千萬不要以爲有錢就有朋友，或是有錢就可以不交朋友，外交還是很重要的。

我們做出來的產品，要想辦法銷到世界各地，即使我們沒有國際上的政治地位，還是要跟他們共存於地球上，所以我們一定要加強外交。

我們的政治外交受中共打壓，到處觸礁，於是就有人提出「經濟外交」，其實困難度也是很高，尤其最近大家對金錢跟賄賂都非常厭惡與反感，完全依靠財富做外交，不是徹底解決的辦法。

我認爲，其實我們大可以從事推廣科技外交，我們過去三十年累積那麼多不同種類的科技，在好多領域裡面都是世界第一，這些科技可以移植到泰國、馬來西亞等國去，就可以移植到其他國家。

科技跟金錢不一樣的地方，就是它可以重複使用，而且可以同時使用。我們把五千萬給一個國家，我們就沒有了五千萬，但我們把做雨傘的科技拿到泰國去，不表示我們就不能到委內瑞拉，或巴拿馬去做雨傘，所以怎麼用科技作爲外交武器，交到眞正的朋友，是我們今後可行的一個方案，同時可增加廠商的收入，它可以把一種科技用到很多地方，這是一個雙贏（win-win）的策略。

【兩岸和平】

不管我們採用什麼政治制度、什麼觀念，也不管由誰執政，一定要維持兩岸和平，砲聲隆隆的台灣，是沒有辦法創造另一個經濟奇蹟的。

過去三、四十年，在台灣的中國人用非常原始的工具和方法，一步一腳印的創造了台灣第一次經濟奇蹟。今天我們有那麼雄厚的資本、大量的科技人才、開放的資訊管道、富創意的企業家等優勢的條件，不需要在少數的負面問題花費太多的力量去批評或鬥爭，應該整合全體的力量，再大步向前邁進。

【樂觀迎接未來】

我不是一個過度的樂觀主義者，也不完全相信奇蹟會不經努力而發生。但是，我們確實看到，一個台灣產業新的契機正在崛起，只要企業和政府能像過去苦難的時代一樣同心協力，相信我們有機會創造出有利於所有中國人的「台灣第二次經濟奇蹟」。

英國偉大的歷史學家湯恩比教授過世以前，曾經預言在公元二〇〇〇年以後的廿一世紀是中國人的世紀，讓我們一起互相勉勵，讓湯恩比教授的這個預言成爲眞實。

如果說在人類歷史上
21世紀是東方亞洲人的世紀
，這句話絕非驚人之語

湯恩比 1889-1975

第七樂章

2001年台灣最強的產業

什麼產業是2001年台灣最強的產業？台灣企業成長的瓶頸又是什麼？我們經常把創意掛在嘴邊上說，創意和2001年台灣最強的產業又有什麼關係？

二〇〇一年台灣最強的產業

台灣產業的強弱，可用兩個指標來衡量。一是外銷能力，通常產業在內銷市場的強弱，有投資規模、投資時機、政商關係等不同因素的影響，而外銷市場則需要很現實的國際競爭力，因此外銷能力是一個重要的衡量指標。另一個指標是經營績效，也就是俗稱的投資報酬率。

九〇年代台灣最強的產業，是以電腦和半導體爲核心的三密集產業，在一九九七年台灣十大出口廠商中，三密集產業即佔了八個，經營績效最好的十大廠商也全都是資訊電子業。

在九〇年代初期能洞悉三密集產業將成爲台灣九〇年代最強產業這個趨勢，而大量投資於三密集產業的人，顯然多能獲取巨額的利潤。

今天，站在二〇〇〇年的前緣，究竟什麼產業是二〇〇一年台灣最強的產業呢？首先讓我們一起來探討目前台灣最強的三密集產業的走向。

一、台灣三密集產業的發展瓶頸

目前台灣較強大的三密集產業，是電腦與半導體工業，電腦與半導體工業造就了許多家新崛起的大型公司，預計在未來兩、三年中，這些公司還會繼續成長，但在營業額接近一千億台幣左右的時候，這些公司可能多會遇到成長的瓶頸。

原因是台灣的電腦公司，除宏碁外，多是以原廠委託設計製造（ODM: Original Design Manufacturer）爲主要的業務方式，隨著業績的大幅成長，需要的訂單規模越來越大，而電腦業界大訂單的數目有一定的限度，再加上訂單規模大了，與客戶的關係會更加密切，彼此共存共榮的依存度會大幅提高，因此一個廠商同時承接好幾個互相競爭的大客戶會變得比較困難，所以我們將會看到台灣大型電腦廠與國際大型電腦公司互相結盟配對的發展趨勢，結果廠商的業績成長會相當倚賴於客戶的規模及合作關係，因而形成業績成長的瓶頸。除非大型電腦公司的規模繼續大幅度成長，否則台灣大多數的大型電腦供應商都可能在一千億左右遇到成長的瓶頸。

另外，半導體公司是過去十年台灣投資最大也是獲利最大的公司，目前台灣半導體公司多以晶圓代工及記憶體的生產爲主，在東亞金融風暴發生後，南韓幣價大幅貶值，本來在半導體的記憶體執世界牛耳的南韓會因其產品的降價而更有競爭力，因此台灣的半導體工廠多會轉向目前最獲利的晶圓代工，而太多廠商爭奪晶圓代工的大餅，不但會影響既有廠商的獲利，也會影響個別廠商的業績成長，目前高業績的廠商可能不願過度削價競爭，而出現業績無法大幅成長的瓶頸。

因此，我們可能會看到在二〇〇〇年前後，台灣在九〇年代最成功的三密集產業，同時遇到成長的瓶頸。

到底二〇〇〇年代這些產業的成長策略是什麼呢？台灣電腦工業的領導人施振榮和台灣半導體工業領導人張忠謀，在最近一次世紀的研討會中，提出共同的看法，就是「創意」。

二、創意密集

台灣的三密集產業在二〇〇〇年代要繼續成長的秘訣應該是——創意密集。「創意」是什麼？什麼又是「創意密集」？

1. 創意在產業中的價值

「創意」顧名思義就是創造出新的構想、新的產品、新的技術等等，範圍非常廣泛。

在產業中，一個創意要轉變成商業價值，最少需要具備三個條件。

a. 技術上可以實現

我有一個美國籍的好朋友，他在一家很有名的國際資料統計公司任副總裁。有一天，他打電話告訴我，說要和我談一個新的產品構想。見面後，他顯得非常興奮，他說這個構想如果做成產品，可能可以銷售數百萬台甚至數千萬台。他希望我能先承諾，如果採用的話要給他一定的權利金，他才願意告訴我他的構想。

我說不行，因爲這於法無據，我只能承諾如果這是可行的構想，且從沒有人提出過的話，我們才進一步談合作細節。

他笑笑說：「好吧！我相信你？」於是他提出他的構想——就是做一個掌上型的機器，正面是整面的液晶顯示器（LCD），背面是文件掃描器，將

創意密集

思想、觀念起飛是帶動台灣第二次經濟起飛的要素。

名片放在下面，可將名片內容掃描到機器中，然後顯示在顯示器上，這樣可成爲電子名片機，節省攜帶大量的名片，小電腦也可以自動整理名片，隨時可查出想查的名片。

我耐心的聽完他的敘述後，然後開玩笑似的說：「你這個構想很好，如果在我們廠內提出的話，可以得到六十美元的獎金。」

接著，我從筆記本電腦中調出我們員工創意的檔案，查出其中一個曾獲獎的類似創意，然後跟他解釋，這種創意也許有一天可以實現，但以現在的技術來說，恐怕是無法辦到，因爲掃描器的耗電量，可能掃描五張名片後，就耗用掉全部電池的電量，而如何統一名片上文字的規格，成爲可以查詢的資料庫等等技術，也是一大困難。

一個在技術上無法實現的「創意」，對企業來說，不管它的構想是多麼的傑出，但由於沒有辦法實現，就會像鐵達尼號中的巨型鑽石「海洋之心」一樣，孤獨的躺在海中，一點用處也沒有。

b. 被市場接受

一個「創意」要在產業中產生價值，除了技術上要能實現外，最重要的，是必須能被市場接受。

曾經有一個做狗飼料的廠商，發展了一種香味很好的新產品，但推出市場後，銷路不如預期的好。於是，總經理召集了所有的幹部和推銷員舉行檢討會，希望找出產品賣得不好的原因，以強化新產品的銷路。

在檢討會中，課長首先報告新產品價格太貴，所以沒有市場競爭力，經理接著講是廣告費不夠，以致新產品的知名度不夠，副總經理則主張要請最有名的狗明星來當模特兒到電視上宣傳等等。

大家七嘴八舌的提出許多建議，總經理還是覺得不甚滿意，漸漸的也有些不耐煩了，這時他看到一個小推銷員坐在後排的椅子上，垂頭喪氣的樣子，總經理突然點了他的名字：「你說說看，這新的狗飼料爲什麼賣不好呢？」這年輕的推銷員突如其來的被叫起來，有點緊張，結結巴巴的說：「因爲……狗……狗……不吃嘛？」

狗不吃的狗飼料，當然沒有市場。

因此，我們很容易明白，一個好的創意，即使技術上可以實現，但如果不被市場接受，也是沒有用的。

這種情形，最常看見的例子就是工程師想出來的構想。世界上大多數的工程師都是從技術上可行的創意著手，而忽略了市場的接受性。

對台灣企業生產力的提升有很大貢獻的石滋宜博士曾經講過一個非常生動的故事，他說有一個醉漢在燈下找遺失的鑰匙，找了半天，卻總是找不到。有一個警察看到了，走過來問他說：「你在找什麼？」

醉漢說：「我在找丟掉的鑰匙。」

警察問：「你在那裡掉的？」

「我在家門口掉的。」

警察覺得很奇怪，繼續問：「你在家門口掉的，怎麼到這裡來找？」

醉漢回答說：「因爲那裡沒有燈，看不見，這裡有燈，才看得見」。

很多時候，我們也會只從顯而易見的地方著手研究開發，而不是從可以找到的地方著手，因而形成許多只注重「技術上可實現」而忽略「市場接受性」的創意。

c.受法律保護

一個創意在技術上可以實現，也廣泛的被市場接受，並不保證就會是一個可以賺錢的創意，尤其是，如果沒有取得法律上的保護，即所謂的智慧財產權，創意就可能因爲被大量抄襲和仿冒，而無法產生商業利益和投資回報。

這種因爲沒有受到法律保護，而損失慘重的例子，在電子資訊產業中，可以說比比皆是。

一九八一年，IBM公司採用微軟的作業軟體（MS DOS），卻沒有取得該作業軟體著作權的共同擁有權，結果，這兩家公司合作的結果，變成IBM以其百年的信譽爲微軟公司造勢，使微軟的作業軟體成爲個人電腦的世界標準，而IBM本身卻不但要繼續支付巨額的權利金給微軟，微軟的作業系統

在成爲個人電腦的標準之後，微軟本身不但獲得巨大成功，更進一步威脅到IBM在電腦工業的地位。一個很小的法律上的疏忽，可造成「一失足，千古恨」的結局。

2. 創意的來源

「創意」雖然是指那些有新創性的構想、技術和產品，創意的發生也可

能來自一時的靈感，但創意並非全然憑空想像，對一個企業來說，創意的來源是可以有方法管理的。

a. 資訊收集

《專利公報》收集了世界上最新、最多可實現的創意，熟悉《專利公報》的內容，可以知道哪些創意已經被實現發明，哪些創意是目前最受重視的、最可能成為將來的趨勢的產業方向，另外，從《專利公報》的內容中，我們也可以知道別人已經做了些什麼，而不必再去做一些同樣創意的開發，因此可以節省許多時間和錯誤的摸索。

收集足夠的資訊，是產生創意的基本條件，因此，要有一組人專門閱讀《專利公報》，分析和整合公報中的資訊，從其中找到對公司本身有益、或公司需要的創意。

日本人在資訊的收集上一向很下功夫，更重要的是，他們非常懂得如何消化資訊。

有一年，我去美國參加消費電子展（CE Show），那是全世界消費電子產品界非常重要的展覽，也可以說是相關產業最新成品的發表會，同時也是最新技術的大集合。

那一年，東芝公司派出了整整四十人參加，這四十人又分成技術組和營業組，每次，先由一組人出去參觀展覽，一有收穫就回來向另一組人上課，向他們解釋哪一種產品爲什麼會被認爲是重要的或是有創意的，然後上課的人再從他們自己的角度提出問題，如此一來，技術人員能夠了解銷售人員的市場觀念，銷售人員也具備了技術的基本概念。「創意」可以說是在第一時間就被吸收、消化了。他們這種由第一線的製造、銷售人員直接吸收資訊的方法，當然非常有效。反觀國內廠商，通常只是老闆一個人茫茫然的在會場四處亂逛，然後再把自己所得到的、可能不是很清楚的模糊概念帶回來講給員工聽，這樣當然很難有什麼精采的創意出來，更不用說自行開什麼新的產品了，台灣企業之所以不太能夠持續開發新產品，光從資訊的收集上，就可以看出我們下的功夫不夠。

b. 腦力激盪法

收集資訊讓我們擁有足夠的知識，腦力激盪則藉眾人之力撞擊創意的火花。這個方法可以有效而快速的集中一些散漫的想法，而成爲可以實際執行的創意。

據說日本新力（SONY）公司常常在星期五下班後安排一個腦力激盪的聚餐會，任何人在這個餐會上都可以提出任何構想，永遠不會有人在這種場合上說「不」，大家可以隨便發言，聊天也可以。這種腦力激盪聚會是全程錄音的，等到下個星期一，再從錄音中去篩選可能有用的創意。

c. 矩陣掃描法（圍海捕魚法）

創意不見得一定是那些「新的發明」，一些既有的創意，應用在不同的產品，可能會產生驚人的效果，你只是改變應用的方向，這也是一種創意，有系統的運用這種方法，就叫矩陣掃描法。

以前，電視機的螢幕都不大，最流行、銷量最大的規格是二十吋螢幕的電視機，後來製造技術進步了，有人就嘗試生產較大螢幕，看起來比較舒服享受的機種，結果賣得比二十吋的好，不久二十九吋的賣得比二十六吋的好，每個家庭也因而習慣了家裡同時有兩台甚至更多的電視機，整個電視機市場因「螢幕放大」這個創意而擴大許多，想到這個創意的人，當然比別人更容易成功。

「螢幕放大」顯然是一個不錯的點子。而這個創意，同樣也可以應用到電腦、電子計算機、電子辭典，PDA（個人數位助理）等等電子產品上，這種方法，有點像是你在一個地方釣到一條魚，於是就在那個地方的四周撒網，就會捕到更多的魚，所以也叫圍海捕魚法。

這種方法的好處是你可以節省許多時間去尋找「有效」的創意。在台灣，有人想到生日蛋糕既然可以有冰淇淋這樣的口味，那麼，月餅應該也可以包冰淇淋，市場反應不錯之後，我們看到了許許多多原本不是包冰淇淋的食品出現了。廠商固然因此賺了錢，同時也造福了消費者。使消費者有更多的美味食品可以選擇和享受。

3. 創意的員工

一個有規模的企業，通常都會有研發、企畫等單位，專門負責創意事務，但這是不夠的，在未來的四密集產業中，有遠見的企業主應該把每一位員工都當成創意的來源，並提供他們發展創意的機會。

有一件事，我的印象特別深刻。

前兩年，有一次和幾位同業到一家夜總會去唱唱歌，紓解一下白天工作的緊張。我們坐下來之後，服務生來送茶水、毛巾，其中一位公主很親切的招呼著一位同業：「張董，好久不見了，你還記得我嗎？」張董有點尷尬，也有點意外，因爲他認得那位公主，原來是他們公司的作業員小李，長得很清秀可愛。

張董那天原來喝得並不多，但漸漸有了幾分醉意。

每一次小李進來服務，出去後張董就好像有話要說。

後來張董終於忍不住了，他有點激動的拍了一下我的肩膀說，「溫董，你看，我們的社會就是這樣，連這樣好的女孩都會放棄正經工作，到這種地方來上班！你說是不是，你說！」張董的感覺我很清楚，但當時我只是笑了笑，沒有說些什麼，不過心裡實在很不以爲然。

張董的公司是一年賺幾十億的高科技公司，我認爲，如果這樣一家賺大錢的公司，都不能留下它的員工，還要讓它的員工跑到卡拉OK、夜總會上班，那就表示你的企業並沒有盡到它應該有的社會責任，你應該反省的是爲什麼你沒有讓你的員工得到豐厚的收入，而不是怪社會風氣與個人道德。

也許有人會說，一個作業員而已，我怎麼給她太豐厚的薪水？

回答這個問題之前，先說一個有名的故事。

美國汽車大王福特曾經拍過一張著名的照片，在那張照片裡，福特意氣飛揚，在他身後，是一條幾百人的生產線，在那張照片底下，有一行字寫著：他們中有一些工作，只需要用一隻手或一隻腳就可以完成他的工作。

在工業時代，分工精細是促成大規模生產的一大創舉。

福特當初說那樣的話，應該不無得意之處，因爲他用那種方式突破了人類千百年來低產量的生產式，使人類可以在機器的幫助下，達到以前農業時代無法想像的生產力。但是，在資訊時代中，這種只到用員工的手和眼睛的分工模式已經不合潮流了。

要知道，一個人的能力是無限可能的，任何一個員工，即使他的工作表現已經很好，但可能還有許多能力是企業主可以去開發的，對於一個長得漂亮、個性開朗的女性作業員，還有很多工作，像產品展示會、發表會，甚至是她個人對美的感應能力等等，都是企業可以借重的地方。

根據我的恩師，日本電子計算機之之父佐佐木博士最近的研究發現，女性的腦細胞比男性可能多出三〇%，這說明了爲什麼女性的感性能力特別強，也可以解釋女性爲什麼往往會在生活中會表現出男性不太能夠理解的直覺感受，而如果能夠妥善利用這種女性特有的感性力，對企業來說，一定會有想像不到的創意和效果。電子雞的發明就是最好的例子。

電子雞是一位日本女性的發明，嚴格說起來，電子雞不過只是把人類對動物的愛轉化爲電子產品而已，創意與技術都是非常簡單的，但誰也沒想到，電子雞在全球銷售竟然高達幾億隻，甚至造成積體電路（IC）的嚴重缺貨，並成爲一種社會現象，透露了人類在電子世界中情感轉化的微妙心理，這種影響，不是一般理性的人可以創造的。

4. 創意的文化

爲了鼓勵創意，在四密集的高科技產業中，企業主絕對有必要塑造一種獨特而熱烈的創意文化。

要塑造創意文化，不能只是口頭說說而已，企業主一定要親自主持創意會議，鼓勵員工多多參與創意。

我曾經在英業達公司的會議上，聽到李總裁對他們的員工詳細說明英業達的創意獎勵辦法。英業達除了有研發、企畫部門專門負責新產品的規劃，並制定了一套完整的創意獎勵制度。他們開設一連串的課程，教導員工撰寫創意提案，在網路上隨時公布新的創意提案，並提供提案獎金（無論採用與否）、採用獎金以及智權金等三級獎勵給提案的員工，如果在每一項獎勵辦法中都得到最高分，那麼一個員工每個月可以多領四十三萬元台幣。我相信，有了這個可以提供實質獎勵和成就感的辦法，任何一個員工便願意在任何時候勤於研究、勤於發明，而不必要依靠他原始的魅力去賺那些「比較容易賺」的錢。對企業主來說，這才算是對社會負責。

三、台灣四密集產業

站在資訊社會第三波浪潮的前端，我們有足夠的理由相信，在公元二〇〇〇年前後，台灣高科技產業的發展，一定必須朝向四密集產業這個大趨勢邁進。

由於台灣電子業者在ＯＤＭ模式下，勢必與合作廠商產生更多一對一的合作關係，也許我們還會看到一些新的企業成功竄起，但受限於全球電子市場規模，即使台灣整體電子資訊產業仍然不錯的未來，但就單一企業而言，恐怕大多要面臨一千億台幣的關卡。

原因很簡單，世界上沒有太多一千億生產額的電子業，而世界大廠也不可能把它們的產品完全委託給單一廠商設計製造。

要突破這個瓶頸，台灣的電子企業即必須想辦法化被動爲主動，在原來即有的資本密集、技術密集、和速度密集的條件，趕快發展出創意密集的優勢。也就是說，要把企業本身的生產規模，從目前的委託設計製造（ODM: Original Design Manufacturer），轉型爲委託創意製造（OIM: Original Idea Manufacturer）。

台灣目前是依靠我們的資本、技術與速度三密集能力，成功取得了日本、南韓、香港所沒有辦法取得的大量的ODM訂單，也因而造就了台灣目前電子產業的繁榮景象，但就ODM的合作模式來說，廠商仍然是被動的，而且容易造成台灣同質企業之間的競爭，因爲大家都同樣具備了三密集條件，沒有誰比誰更厲害，最後，會變成誰的價格最便宜，就最容易取得與外國大廠合作的機會，這樣一來，眞正得到好處的，反而是那些外國企業。

但OIM會改變我們被動的狀況，而且，未來衡量一個企業，我們看的不會只是它營業額的多少，更重要的，是它擁有多少專利、版權等智慧財產權。

智慧財產權越多的企業，即使它本來沒有任何產品，也可以向使用其智慧財產權的廠商收取巨額的利潤。

一個有能力取得智慧財產權、創造創意密集的企業，就能夠發展自己獨一無二而強大的產品。當你的產品也具備了速度與技術的優勢，那麼，原來和你合作的廠商就要反過頭來購買你的產品，並加深雙方合作的關係，因爲你是最了解它、幫他生產產品的人，如果你擁有的強大產品被它的競爭對手買去，很可能立刻造成它生存的危機，同時，整個市場也會因爲你的能力而爭著和你合作。

如何才能帶動台灣
第二次經濟奇蹟？

創意起飛
帶動經濟起飛

因此，如果說一千億的規模是日前台灣三密集產業一個必然的「屋頂」，那麼「創意密集」便是拿掉這個屋頂最有效的方法，而且拿掉這個屋頂之後的規模，將是難以估計的，因有了自己的創意的企業，它的發展是無可限量的。

Intel就是最好的例子，這家佔了全球CPU之八〇%營業額的硬體公司，一年的利潤就達六十億美金，他們依賴的武器，並非只是CPU運算速度的不斷升級，而是CPU內不斷研發的軟體創意。

在電子資訊功能不斷升級、價格卻不斷下降的快速進化中，我們只有早日掌握創意密集的能力，才有可能掌握OIM的潮流，使台灣原本三密集產業的優勢不斷持續下去，而在下一個世紀來臨之時，成爲第三波資訊時代眞正的贏家。

【附錄】

零「交期」時代

零交期：自來水般的物流

小時候，住在鄉下，用水是一件大事。首先到井邊打水，提著一桶水顛顛簸簸的走到廚房，將只剩七、八成的一桶水倒入大桶中，來回好多次，才將一天要用的水準備好。當時最大的夢想，就是有像自來水一樣的東西，打開水就出來。

今天，從事電子工業，我最大的夢想就是我們的物流是否能像自來水供應一樣，要用的時候就有，達到零「交期」的境界。

理想中的零交期狀況

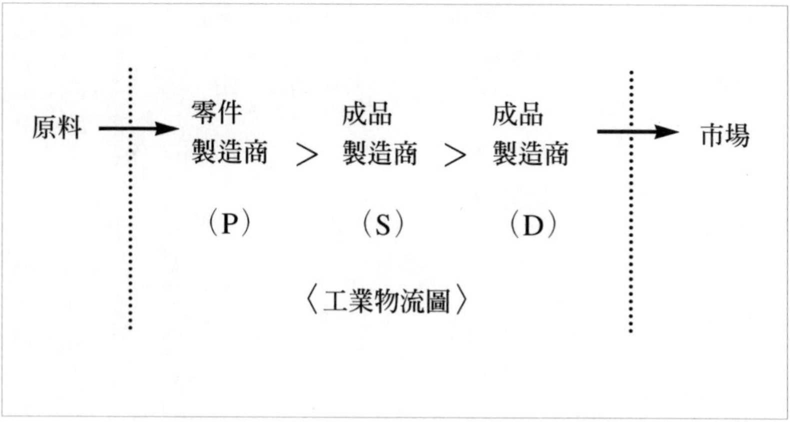

前頁這個圖表，我簡稱它爲PSD物流圖，通常我們稱一個產品工業的產值，指的是流出成品行銷商的總營業額。例如我們說計算器全球的產值是二十億美金，指著是從所有計算器成品行銷商賣出的計算器營業額的總和。理論上，成品行銷商的營業額包含成品製造商的營業額，成品製造商的營業額包含零件製造商的營業額。如下圖：

從PSD物流圖的另一端看，原材未進入零件製造商的生產過程，也不計入該產品工業的營業額。

「最好的『降低成本』就是（市場）賣不出去的，（原材）不投入生產。」在虛線之間的，我們稱之爲「工業物流圖」，很類似自來水廠與用戶水龍頭之間的水存量，如果能控制到成品行銷商賣出到市場時，原材投入零件製造商相對的數量，就是理想中的零「交期」狀況。

全球性即時(JUST-IN-TIME) 交貨系統整合

很多工廠只在自己的廠內努力地推行即時交貨(JUST-IN-TIME)簡稱JIT以提高效益，卻因不清楚下游客戶庫存狀況，當客戶的訂單產生變化時，使廠內JIT的努力無法有太大的成果。

我們眞正需要做的是在PSD物流圖中做 全球即時交貨「Global Just-In-Time」的整合，以達到零交期的目標。再強調一次：

「最好的降低成本不是零庫存，是賣不出去的，不投入生產，賣得出去的，馬上能交貨。」

交期的新觀念

其次，我們要談關於「交期」的幾個新觀念：

1.「交貨期越長，風險越大」

我們傳統的想法，是客戶「交期」越長越好做，最好信用狀(L/C)在九十天前開來最安全，其實是適得其反。

產品的壽命週期已經從長↓短↓很短↓不可知。

今天產品的壽命週期已進入不可知期，因為你很難知道競爭對手們明天要推出什麼產品，一個更新更好的產品透過即時的媒體，可能馬上使現有的產品一夜間結束生命。

當客戶在交貨前九十天開信用狀(L/C)給你，可能當你未交貨時，他的產品生命已產生變化或已結束。

從PSD物流圖來看，你的產品未流入市場，只是流入下游的管道而已。當產品生命發生變化，接下來是：

●管道阻塞（下游客户賣不出去）
●管道扭曲（最好的推銷員去賣最賣不出的產品）
●破壞市場（勉強進入市場）

結果可能造成你的生產停頓及新產品延後推出，這風險可能不亞於一批貨被取消訂單的風險。這也引發了另一個新觀念。

2. 「交期越長，費用成本越高」

今天，開拓新客戶的成本已遠大於生產線換線及生產管理調整的成本。當前面所提到的情況發生時·很自然的我們會去尋找其他的下游客戶，也意味著增加銷售費用甚至銷售人員。結果我們可能減少了幾位生產人員，卻增加了幾位高薪的銷售人員。在利潤中心的體系下，我們可能太強調個別費用成本而忽略了整體費用成本的問題。在一個過度競爭的時代裡，費用成本降低是很重要的利潤來源：

＊利潤是來自減少客戶（減少自己的費用成本）

＊增加訂單（減少客戶的費用成本）

3.「交期越長，判斷錯誤的機會越大」

今天的工業已漸漸從生產產業轉變爲開發產業，開發產業的勝負取決於反應的快慢而不是規模大小。

較長的交期會鬆馳一個產業的緊張度，減緩應變的能力，造成判斷的錯誤。今天市場變化的速度可能比二十年前快了幾十倍了，無視於這種加速的現象，一味堅持像以往的長「交期」，已是一種駝鳥心態了。

如何做到？

如何做是最大的挑戰。基本上，我把產品生命週期分爲兩個階段：

1. 引入市場階段

在這裡強調一下，我今天所說的零交期指的是客戶訂做的產品，一般標準的產品如果還需要交期根本就不能生存。

引進市場階段指的是產品從構想到上市的時間，看一看報紙的發行，從晚上八點截稿，到次日早上六點出刊，就知道目前一般的工業是多麼的緩慢。所以，我一直在推動同步工程及接力設計來加速產品上市的時間。

「引入市場階段」要有專用的生產線及專用的管理系統，一切只爲速度。引入市場階段是產品企劃的一環，產品企劃的單位要負全部責任。對生產數量的安排，如果預估上市的需要量是六千台，應是：

	第一個月	第二個月	第三個月	第四個月
新的做法（以市場爲需要的做法）	六〇〇〇 ↗引入市場的量	〇	〇	市場實際需求量
傳統的做法（遷就生產的做法）	一〇〇〇	二〇〇〇	三〇〇〇	市場實際需求量

2. 大量生產的階段

零交期並不等於多樣少量，「多樣化是產品企劃的失敗。」正確觀念應是：少樣適量（市場需要之量）。在大量生產的階段如何做到零交期？

（Ⅰ）「即時資訊」

PSD三個環節以電腦與通訊連線，PSD都能一目了然即時知道彼此間買賣各項數字的變化，以資訊代替庫存。

（Ⅱ）「動態預測」

要改變以往下一個月訂五〇K，第二個月訂六〇K，第三個月訂一〇〇K……這一類不精密的預測。應改以周或三日，甚至每日動態預測的方式。

對每月產能一〇〇K的生產線來說，接到第三個月一〇〇K的訂單，跟從第六十天起到九十天之間每天接到三～四K的訂單，每天精密的調整。實際上，並無多大不同，只是資訊的處理較精密而已。零交期並不是改變製造時間，任何生產流程都有必須的時間，就像打開水龍頭就有水，不是表示水廠的水瞬間到達一樣。

我要說明的是，不需要做大幅度的生產投資及改變，要改變觀念及資訊處理方式，以現在的工具，零交期是馬上可以做到的。

航空公司的訂位系統，就是「動態預測」的一個很好的例子，任何一個客戶都可以在任何時候無責任的取消訂單，但是透過電腦與通訊設備和精密的管理，仍可以順利的運作。

今日的工業有龐大的投資及極精密的設備，卻以相當粗糙的方式來處理最重要的交期問題，實在值得檢討與反省。

把呆滯庫存損失降至最低

如果以上兩點都做到了，但是運氣不好，產品壽命比預期的短，在PSD管道中庫存未消化完時，產品壽命結束了。這時最重要的是把損失降到最低，不要把上游的零件或成品硬往前推，這樣要增加處理的成本，應就地解決，把損失降至最低。

把損失降至最低後，理論上，要由主掌判斷的產品企劃單位（可能是PS

D的任一單位）負責賠償。

有一個比喻說，新人類與舊人類最大的不同是什麼？當盤中還有一些食物留下來時，舊人類會說：「把它吃完吧！食物浪費太可惜了。」新人類會說：「不要再吃了！身體浪費太可惜了。」

不知道這是不是恰當的比喻，但是我們應有新的觀念來看呆滯庫存處理。

此刻！

＊零件商、成品商、行銷商（PSD）彼此以買賣方式對待的時代已經過去了。

＊零交期的時代應該來臨了。

＊PSD要更密切合作，在所從事的產品工業中，獲取最大的總體利潤。

永遠記住：

「下游客戶不是因為價格便宜、品質好、或人際關係好才買，是因會賺錢才買的。」

國家圖書館出版品預行編目資料

2001年第2次奇蹟 ／ 溫世仁著；蔡志忠畫.--初版.-- 臺北市：大塊文化，1998
[民 87]
面；　公分. -- (tomorrow；2)
ISBN 957-8468-50-4 (平裝)

1.經濟發展--台灣

552.2832　　87007434

大塊
LOCUS
文化

讀者回函卡

謝謝您購買這本書，爲了加強對您的服務，請您詳細填寫本卡各欄，寄回大塊出版 (免附回郵) 即可不定期收到本公司最新的出版資訊，並享受我們提供的各種優待。

姓名：____________ **身分證字號**：____________

住址：________________________

聯絡電話：(O)____________ (H)____________

出生日期：____年___月___日

學歷：1.□高中及高中以下 2.□專科與大學 3.□研究所以上

職業：1.□學生 2.□資訊業 3.□工 4.□商 5.□服務業 6.□軍警公教 7.□自由業及專業 8.□其他______

從何處得知本書：1.□逛書店 2.□報紙廣告 3.□雜誌廣告 4.□新聞報導 5.□親友介紹 6.□公車廣告 7.□廣播節目8.□書訊 9.□廣告信函 10.□其他______

您購買過我們那些系列的書：

1.□Touch系列 2.□Mark系列 3.□Smile系列 4.□catch系列

閱讀嗜好：

1.□財經 2.□企管 3.□心理 4.□勵志 5.□社會人文 6.□自然科學 7.□傳記 8.□音樂藝術 9.□文學 10.□保健 11.□漫畫 12.□其他____

對我們的建議：________________________

____

____

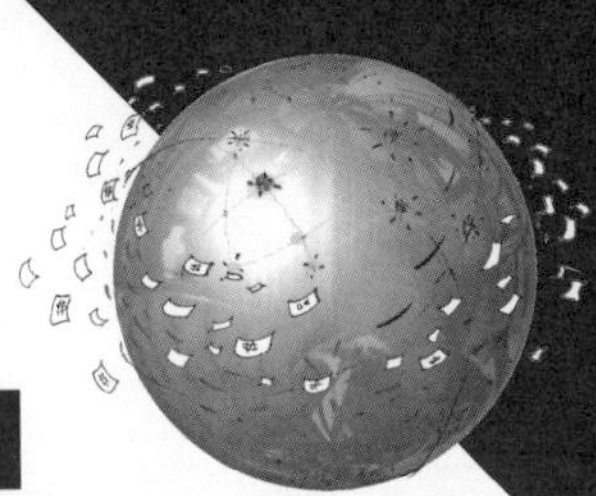

明日工作室

專業寫作公司

電話：02-25790449

郵政信箱：台北郵政036-00403號信箱

E-mail：futurism@m2.dj.net.tw

LOCUS

LOCUS

LOCUS

LOCUS